Heiderose und Andreas Fischer-Nagel
Wildkatzen in unseren Wäldern

Heiderose und Andreas Fischer-Nagel

Wildkatzen in unseren Wäldern

Mit einem Vorwort von Günther Worel

Illustriert von Bettina Buresch

Erika Klopp Verlag

CIP-Titelaufnahme der Deutschen Bibliothek
Wildkatzen in unseren Wäldern
Heiderose und Andreas Fischer-Nagel
Ill. von Bettina Buresch. Mit einem Vorw. von
Günther Worel. – Berlin ; München : Klopp, 1992
ISBN 3-7817-0583-8

Printed in Germany
Einbandbild: Bettina Buresch
Satz: Filmsatz Schröter, München
Druck: Druckhaus Langenscheidt, Berlin
Bindung: Lüderitz & Bauer, Berlin
Auflagenkennzeichnung (letzte Ziffern maßgebend)

Auflage:	5	4	3	2	1
Jahr:	1996	95	94	93	92

Inhalt

Vorwort 9
Minkas getigerte Kinder 13
Wildkatzen machen sich unsichtbar 21
Beobachtungen in der Wolfsschlucht 32
Eine schwierige Patientin 48
Sechs Wildkatzen in der Schlafkiste 57
Sara als Tierarzthelferin 70
Die Wildkatzenkinder zeigen sich 80
Abschiednehmen fällt schwer 93
Wildtiere im Winter 106
Futterplätze für Beutegreifer 118
Besuch in der Aufzuchtstation 129

Vorwort

Die Europäische Wildkatze wurde in der Jagdliteratur immer als blutgieriges, für andere Tiere verderbliches, ja schädliches Tier beschrieben. Künstler stellten sie häufig als grimmige und furchterregende Bestie dar. Die Folge war, daß die Jäger die Wildkatze im Revier nicht duldeten und stark verfolgten.

Durch wissenschaftliche Forschung wissen wir heute mehr über die Lebensgewohnheiten dieses noch ziemlich unbekannten Wildtieres: Im Kreislauf der Natur ist es die Aufgabe der Wildkatze, Tiere anderer Arten zu erbeuten, um so ein Gleichgewicht innerhalb der natürlichen Lebensgemeinschaften herzustellen oder zu erhalten. Da sich die Wildkatze hauptsächlich von Wühlmäusen verschiedener Arten ernährt, sieht sie der Förster gern im Wald.

Durch meine langjährigen Beobachtungen im Umgang mit Wildkatzen und bei der Zucht habe ich erfahren, daß diese wildlebenden Katzen richtige unterschiedliche Persönlichkeiten sind. Sie sind empfindlich und scheu, meist ängstlich und vorsichtig, können verspielt und traurig, aber auch neugierig sein.

Natürlich sind Europäische Wildkatzen keine Schmusekätzchen – in menschlicher Obhut gepflegte Tiere lassen sich nur in ganz seltenen Ausnahmen zähmen oder anfassen. Wenn ein Mensch einer im Gehege gehaltenen Wildkatze zu nahe kommt, dann wehrt sie sich in der Regel wild fauchend und beißend. In der freien Natur bekommt man die »Ritter der Berge«, wie Wildkatzen in manchen Gegenden auch genannt werden, höchst selten zu Gesicht: Durch ihr überfeines Gehör nehmen sie den Menschen rasch wahr, verdrücken sich sofort im Gebüsch und bleiben unsichtbar.

Daß Sara und Sven eine Wildkatzenmutter mit ihren Jungen beobachten konnten, ist schon ein großes Glück und ein besonderes Ereignis. Ihr Beobachtungsort ist der ideale Lebensraum für die Wildkatzen. Sie leben in möglichst naturbelassenen, ungestörten »Ecken« großer Waldgebiete. Nur wo solche Voraussetzungen erfüllt sind, kommt diese streng geschützte Tierart noch vor.

Leider sind in vielen Waldlandschaften derartige Orte durch intensive Nutzung, also auch durch das

Profitdenken des Menschen, zerstört worden. Rückzugsgebiete für menschenscheue Tiere wie die Wildkatzen werden immer seltener. Aber auch ein Umdenken ist erkennbar. Wie der Förster Achim, der Vater von Sara und Sven, haben viele Menschen erkannt, daß es nicht nur wünschenswert, sondern ökologisch notwendig ist, die Natur in ihrer ganzen Schönheit und Artenvielfalt zu erhalten.

Auch viele Kinder- und Jugendgruppen verschiedener Umweltschutzorganisationen setzen sich für die Erhaltung schützenswerter Natur ein. Zum Beispiel gibt es beim BUND (Bund für Umwelt und Naturschutz in Deutschland) eine Reihe von Projekten zur Pflege bestimmter Biotope, an denen sich Kinder und Jugendliche beteiligen.

Wir alle können mithelfen, den bedrohten Tieren und Pflanzen ihr Lebensrecht zu erhalten, und glaubt mir, es macht auch Spaß!

Günther Worel

Projektleiter Wiedereinbürgerung
der Europäischen Wildkatze in Bayern,
Bund Naturschutz in Bayern e. V.

Minkas getigerte Kinder

Mit angezogenen Beinen saß Sara auf dem Holzstoß im Schuppen neben dem Forsthaus. Sie betrachtete halb amüsiert, halb nachdenklich Minka, ihre buntgescheckte Katze, die heute das erste Mal mit ihren Jungen in der Sonne spielte. Außer Sara hatte noch niemand Minkas Kinder gesehen. Sie hatte sie an einer Stelle im Holzschuppen zur Welt gebracht, zu der sich nicht einmal Sara durchschlängeln konnte.

»Minka, komm her«, rief Sara und schnippte mit den Fingern.

Minka kam mit hocherhobenem Schwanz näher und gab damit zu erkennen, wie sehr sie Sara mochte. Sie sprang sogar auf ihren Schoß, schmiegte sich an sie und zog ihr den aufgestellten, buschigen Schwanz einmal quer über das Gesicht. Es folgten ein etwas langgezogenes »Miau« und ein Blick, der wohl sagen mochte: »Jetzt muß ich aber wieder zu meinen Jungen, Entschuldigung.« Geschmeidig sprang sie vom Holzstoß auf die Erde.

Nachdenklich betrachtete Sara die kleinen Katzen, die ganz vorsichtig ihre Kreise zogen. Sie wunderte sich darüber, daß eine so bunte Katze wie Minka nur ein Kätzchen im Wurf hatte, das so aussah wie sie. Alle anderen waren grau getigert und glichen sich wie ein Ei dem anderen. Sogar die Schwänze waren gleich: Sie hatten dicke, schwarze, auffällige Ringe.

»Wie kommt Minka nur zu solchen Kindern?« fragte sich Sara.

Niemand weit und breit besaß einen getigerten Kater. Das Forsthaus lag kilometerweit vom nächsten Gehöft entfernt, und Saras Vater achtete darauf, daß keine streunenden Katzen durchs Revier liefen. Wo konnte Minka einen so auffällig getigerten Kater getroffen haben? Nur der Vater der Kätzchen konnte der Urheber dieser Fellfärbung sein.

Während sie noch nachdachte, fuhr der Geländewagen auf den Hof. Der Vater stieg aus, gefolgt von Sven, Saras zwei Jahre jüngerem Bruder.

»Hallo, Achim, hallo Sven«, rief Sara. »Kommt mal her. Meine Minka ist das erste Mal mit ihren Jungen aus ihrem Versteck gekommen!«

»Gleich«, rief der Vater. »Ich muß erst Hasso in den Zwinger bringen.«

»Bis auf das eine sind ja alle gleich«, stellte Sven fest, der schon zu Sara gelaufen war. »Die sehen ja fast wie Wildkatzen aus!«

»Weil Minka so wild ist, was?« zischte Sara. Sie konnte es nicht leiden, wenn sich Sven über ihre Katze lustig machte.

»Paßt doch gut zu dir«, fuhr Sven fort. »Du fauchst einen auch immer gleich an und funkelst mit deinen grünen Augen. Dabei hab ich bloß festgestellt, sie sehen aus wie Wildkatzen. Achim hat doch mal gesagt, hier gibt es welche.«

»Und wie, bitte schön, soll Minka, unsere Hauskatze, zu jungen Wildkatzen kommen?«

Nun kam der Vater dazu. »Na, schon wieder Streit in den drei Minuten?«

»Sven behauptet, Minkas Junge seien Wildkatzen. Daß ich nicht lache!«

»Ich habe nur gesagt, daß sie aussehen wie Wildkatzen, sonst gar nichts«, erklärte Sven mit Nachdruck.

Der Vater schaute über den Holzstoß, hinter dem die kleinen Katzen spielten. Dann stieg er hinüber und nahm eins der Jungen in die Hand. »Sven hat recht«, sagte er. »Sie sehen jungen Wildkatzen täuschend ähnlich. Es könnten wirklich Blendlinge sein.«

Zweifelnd blickte Sara erst den Vater, dann die kleinen Katzen an. »Aber wie soll Minka denn zu Wildkatzenkindern kommen? Laufen bei uns im Wald so viele Wildkater herum?« fragte sie ungläubig.

»Na, viele sind dazu ja nicht nötig. Und bei uns im Harz ist die Wildkatze schon noch an relativ vielen Stellen zu Hause«, erwiderte der Vater.

»Ich habe aber noch nie eine gesehen«, wandte Sven ein.

»Ich auch nicht«, sagte Achim. »Jedenfalls nicht aus der Nähe.« Er lachte. »Einmal hätte ich fast eine erwischt. Ich hatte mich gewundert, daß frühmorgens mein Sitzkissen auf dem Hochstand warm war. Da habe ich mich eines Morgens angeschlichen, als es noch fast dunkel war. Aber die Wildkatze war schlauer als ich. Ich sah gerade noch ihre

Umrisse, als sie blitzartig im Gehölz verschwand. Auf ihr Stammplätzchen ist sie nie wieder gekommen.«

»Und du konntest wirklich noch nie eine Wildkatze beobachten?« wollte Sara wissen.

Achim schüttelte den Kopf. »Manchmal tauchte eine auf, wenn ich gar nicht darauf gefaßt war. Ich sah dann nur, wie sie in Sekundenschnelle irgendwo in der Deckung verschwand.«

Er setzte das Kleine wieder zu den anderen, denn Minka begann unruhig zu werden.

»Sind Hauskatzen eigentlich aus gezähmten Wildkatzen entstanden?« fragte Sven.

»Soviel ich weiß, nicht. Ich glaube, die Vorfahren unserer Hauskatzen sind die Steppenkatzen Nordostafrikas. Schon vor rund sechstausend Jahren sollen die Ägypter Katzen gehalten haben. Diese domestizierten – also zum Haustier gemachten – Kat-

zen nannte man Falbkatzen. Sie sind die Vorfahren unserer Hauskatzen. Allerdings ist die Steppenkatze auch nur eine Unterart der bei uns lebenden Wildkatze. Das haben die Zoologen herausgefunden.«

»Und was haben Falbkatzen für ein Fell? Auch so ein getigertes?« fragte Sara.

»Das weiß ich auch nicht genau. Am besten, ihr schaut einmal im Tierlexikon nach«, meinte Achim.

»Wo könnte der Vater von Minkas Kindern denn stecken? Ob wir ihn mal zu sehen bekommen?« Auch Sven zeigte nun Interesse an den Wildkatzen.

»Das kann ich euch auch nicht sagen. In unserer allernächsten Umgebung habe ich noch keine Spur von einer Wildkatze entdeckt. Das bedeutet aber gar nichts. Ich kann jahrelang an ihr vorbeigegangen sein, ohne sie zu bemerken. Dennoch kann sie mich genau beobachtet haben, vielleicht aus einer hohlen Eiche heraus. Genausogut kann Minka in der Paarungszeit irgendwo im Wald einen herumstreunenden Jungkater getroffen haben. Auch wenn er möglicherweise weit entfernt sein Revier hat.« Achim zuckte die Achseln. Er konnte den Kindern keine Hoffnung machen, auch nur die Schwanzspitze einer Wildkatze zu Gesicht zu bekommen.

Die Stammform unserer Hauskatze

Man unterscheidet drei große Gruppen von Wildkatzen:

Steppenkatzen
Europäische Wildkatzen
Afrikanische Falbkatzen

Von den Afrikanischen Falbkatzen stammen die Ahnen unserer Hauskatzen ab: die Nubischen Falbkatzen.
Die Nubische Falbkatze kam in der Zeit der Karolinger (um 800 u. Z.) als Haustier aus Ägypten nach Mitteleuropa.
Man nimmt an, daß sich die noch seltenen Fremdlinge mit den heimischen Wildkatzen vermischt haben. Dafür spricht das Aussehen unserer Hauskatzen: Sie sind massiger und kurzbeiniger als die Hauskatzen Afrikas.
Es gibt Funde und Bilder, die darauf hinweisen, daß in Ägypten schon um 4000 v. u. Z. Katzen als Haustiere gehalten wurden.
Falbkatzen haben eine Rumpflänge von 45 bis 70 cm
Ihr spitz zulaufender Schwanz ist 27 bis 37 cm lang
Die Fellmusterung ist vielgestaltig: gefleckt – quergestreift – fast ungemustert an Rücken und Seiten. Dazu gibt es zahlreiche Übergänge zwischen diesen drei Grundmustern.
Durch Züchtung schon in früher Zeit hat sich das Aussehen unserer Hauskatzen stark verändert.

»Schade«, sagte Sara enttäuscht.

»Aber wir könnten uns doch wenigstens mal auf die Suche machen«, schlug Sven vor.

»Das hat wenig Sinn. Wenn wir durch den Wald tappen, haben uns die Wildkatzen längst gehört oder gesehen und sich für uns unsichtbar gemacht. Sie gucken uns vielleicht aus sicherer Höhe von einem Baum oder einer besonders gut getarnten Felsspalte aus nach.«

»Aber ich möchte doch so schrecklich gerne mal eine Wildkatze sehen, Achim. Gibt es denn gar keine Möglichkeit, irgendwo eine zu beobachten? Ich meine, es muß ja nicht unbedingt Minkas Kater sein«, bat Sara.

»Ich werde es mir überlegen. Aber in den nächsten Tagen habe ich mit dem Windbruch zu tun, da kann ich nicht stundenlang irgendwo ansitzen. Ihr müßt etwas Geduld haben«, vertröstete sie der Vater.

»Na gut«, meinte Sara. »Ist sowieso besser, wenn wir erst mal ein bißchen im Tierlexikon schmökern. Wir wissen ja fast nichts über die Wildkatze.«

Wildkatzen machen sich unsichtbar

Die Tage vergingen, und Achim hatte noch immer keine Zeit.

Schließlich wurde es Sara zu dumm. »Wir kennen uns doch im Wald aus«, sagte sie zu Sven. »Warum sitzen wir eigentlich zu Hause und warten, bis uns Achim mitnimmt? Nach Wildkatzen suchen können wir doch auch allein.«

Sven war einverstanden.

»Irene, wir radeln ein bißchen im Wald herum!« Sara klopfte an die Tür der Dunkelkammer.

»Nicht aufmachen!« rief die Mutter zurück. Sie entwickelte gerade Tierfotos, die sie an eine Zeitschrift verkaufte. »Und seid pünktlich zum Abendbrot wieder da!«

Vom Forsthaus aus gab es im Umkreis von mindestens zehn Kilometern nichts als Wald. Mal war er ziemlich wild und undurchdringlich, mal kultiviert. Ein Bach schlängelte sich hindurch, und hie und da gab es einen kleinen See oder Tümpel. Das Gelände war hügelig, und an vielen Stellen lagen kleinere oder größere Felsbrocken.

»Wo wollen wir anfangen?« fragte Sara hilflos, als sie mitten im Wald standen. In welche Richtung sollten sie nun fahren? Und wie sah überhaupt eine Wildkatzenbehausung aus?

»Wie wär's mit der Stelle, wo die alten Eichen und Buchen stehen? In einigen Stämmen gibt es große Löcher und Höhlen. Vielleicht ist dort etwas zu finden«, schlug Sven vor.

Sara war einverstanden, da sie selbst keinen besseren Vorschlag hatte.

Vorbei an Lichtungen und Jungwuchs, durch Hochwald und an verschiedenen kleinen Bächen entlang erreichten sie nach ungefähr zehn Minuten Fahrzeit den Anfang des »Urwalds«. So wurde das Waldstück mit den vielen uralten Eichen und Buchen in der Gegend genannt. Natürlich war es kein echter Urwald – so etwas gibt es in ganz Europa nicht mehr. Jedes Stückchen Wald ist, wenn auch vielleicht bereits vor einigen hundert Jahren, schon einmal genutzt, also abgeholzt und wieder neu angepflanzt worden. Diesen »Urwald« hatte man vor zweihundert Jahren neu angepflanzt. Man konnte es an den ziemlich genau in Reihen gepflanzten Bäumen erkennen. Natürlich war hier und da schon mal ein Baum geschlagen worden, eingegangen oder umgekippt und liegengeblieben.

Moos wuchs nun über die vermodernden Stämme, Farnkräuter begannen zu wachsen, und die verschiedensten, zum Teil recht bunt gefärbten Pilze begannen mit ihrer für die Natur so wichtigen Aufgabe: dem Zersetzen von totem Holz. Einzig und allein Pilze sind dazu in der Lage, Holz so aufzuarbeiten, daß es in für andere Pflanzen wieder verwertbare Nährstoffe verwandelt wird. Sogar Insektenlarven, die von Holz leben, haben Pilzkulturen im Darm, die es für sie verdaubar machen.

Sara und Sven hatten heute kein Auge für die bunten Pilze.

»Sag mal, Sven, sollen wir hier nun jeden Baum nach einer Höhle absuchen?« Sara war vom Rad gestiegen und sah sich um.

»Wird uns wohl nichts anderes übrigbleiben. Aber was machen wir, wenn nun in so einer Höhle tatsächlich eine Wildkatze sitzt?«

»Achim sagt, sie sind sehr scheu. Bestimmt bleiben sie nicht friedlich sitzen und warten darauf, daß wir sie entdecken, streicheln und kraulen.«

»Ich habe mal 'ne Zeitungsstory gelesen. Eine Wildkatze soll aus ihrem Unterschlupf gesprungen sein und den Jäger ganz fürchterlich zerfleischt haben.« Sven sah sich etwas ängstlich um.

»Dummes Zeug«, schimpfte Sara. »Das ist Jägerlatein! Eine Wildkatze greift nicht an. Eher versucht sie zu fliehen. Das hast du doch selber im Lexikon gelesen.«

Sie begannen, die Bäume einen nach dem anderen abzusuchen. In den meisten gab es keine größere Höhle, sondern höchstens kleine, von Spechten gebohrte. In einigen hatten Höhlenbrüter wie Meisen oder Fliegenschnäpper ihre Nester gebaut. Andere wurden von Mäusen, Fledermäusen oder Insekten bewohnt.

Endlich fand Sven eine Höhle, die ihm für eine Wildkatze groß genug erschien. »He, Sara, komm doch mal her!« rief er seiner Schwester zu.

Aufgeregt rannte sie zu ihrem Bruder.

»Ich weiß nicht, wie ich in diese Höhle hineinsehen soll.« Sven deutete nach oben, wo sich in etwa dreieinhalb Meter Höhe ein ziemlich großes Loch befand.

»Mist, da kommen wir vermutlich gar nicht ran.« Sara blinzelte enttäuscht nach oben. »Selbst wenn ich dich hochhebe, klappt es nicht, und unsere Räder sind als Leiter ganz und gar nicht geeignet.«

»Wir könnten mit einem großen Knüppel gegen den Stamm klopfen. Wenn eine Katze drin ist, kommt sie sicherlich raus.« Sven rannte los und kam kurz darauf mit einem großen, trockenen Ast zurück. Er klopfte an den Stamm, und plötzlich wurde es in dem Baum lebendig: Zwei große, runde braune Augen erschienen in der Öffnung, dann flog der Waldkauz lautlos davon.

»Also, eine Wildkatze war das jedenfalls nicht«, stellte Sven trocken fest.

»Hoffentlich haben wir ihn nicht so erschreckt, daß er von seiner Höhle nichts mehr wissen will«, entgegnete Sara. Vorsichtig näherte sie sich dem nächsten Baum. Leise sagte sie: »Wir dürfen die Tiere nicht stören. Aber ich wüßte zu gern, ob überhaupt eins der Baumlöcher für Wildkatzen geeignet ist.«

Doch die meisten Höhlen, in die sie hineinsehen

konnten, waren leer, oder es befanden sich Vogel- oder Mäusenester darin.

Nach über zweistündiger Suche streikte Sven. »Sara, ich habe schon einen ganz steifen Hals von der Sucherei. Ich glaube, es ist zwecklos.«

Er setzte sich auf den weichen Waldboden. Auch Sara ließ sich erschöpft nieder.

»Voller Reinfall«, stellte Sven fest. »Oder hast du 'ne Idee, wo wir noch suchen könnten?«

Sara schüttelte den Kopf.

»Und außerdem habe ich Hunger«, fügte Sven hinzu.

»Und dann ist der Herr sowieso nicht aufgelegt, nicht wahr?« Sara begriff nicht, wie ein Mensch dauernd Hunger haben konnte.

»Wenn wir wenigstens Proviant mitgenommen hätten«, maulte Sven.

»Also gut, geben wir die Suche für heute auf. Wir schauen uns zu Hause auf Achims Waldkarte erst einmal an, wo geeignete Wildkatzenbiotope eingetragen sind.« Sara stand auf.

Sven lief zu seinem Rad, das an einer alten Eiche lehnte. Plötzlich stutzte er, bückte sich und hob etwas auf.

»Mensch, Sara, das is'n Ding! Schau dir das mal an!« rief er aufgeregt. »Hier.« Er hielt ihr zwei schwarze, abgebissene Vogelflügel unter die Nase.

»Na und? Irgendein Tier hat die Drossel verspeist. Was stellst du dich so an?«

»Sag mal, hast du vergessen, was in dem Buch über die Wildkatzen steht: Vögeln beißen sie beim Verzehr meist die Flügel ab und lassen sie übrig.« Er sah seine Schwester triumphierend an.

»Stimmt.« Auch Sara betrachtete nun interessiert

die Flügel. »Aber in der Eiche ist kein Loch«, sagte sie, während sie den Stamm aufmerksam musterte.

»Es ist ja auch nicht gesagt, daß die Katze ihre Beute mit ins Nest nimmt. Sie kann sie ja auch gleich am Fangplatz fressen«, sagte Sven.

Dagegen war nichts einzuwenden. Allerdings wußten sie immer noch nicht, ob der Vogel tatsächlich von einer Wildkatze gefressen worden war.

Zu Hause angekommen, machten sich die Geschwister gleich über einen leckeren, noch warmen Apfelkuchen her, den Irene gerade aus dem Ofen genommen hatte. Nach einer kurzen Verschnaufpause beschäftigten sie sich wieder mit den Wildkatzen.

In Achims Dienstzimmer hing eine große Karte an der Wand. Fast alle Pfade und alten Bäume waren darauf verzeichnet.

»Jede Wildkanzel und Futterstelle ist eingetragen. Und siehst du die Linien hier? Das sind die Höhenlinien, an denen man erkennen kann, ob das Gelände hügelig oder flach ist. Je enger die Linien sind, um so steiler steigt das Gelände an«, erklärte Sara ihrem Bruder. Sie hatte sich gerade in der Schule mit dem Lesen von Landkarten beschäftigt.

»Weiß ich doch. Du tust, als ob ich das erste Mal auf eine Karte schaue.« Sven konnte es nicht leiden, wenn Sara die große Schwester herauskehrte. Mit dem Finger fuhr er vom Forsthaus zu der Stelle, an der sie heute gewesen waren und die beiden Flügel gefunden hatten. »Vielleicht sollten wir morgen mal hier suchen.« Er deutete auf eine Stelle mit zahlreichen gewundenen Höhenlinien.

»Keine schlechte Idee«, erklang da plötzlich die Stimme ihres Vaters im Hintergrund.

Biotop

Als Biotop bezeichnet man eine Lebensgemeinschaft verschiedener Tiere und Pflanzen. Je nach den natürlichen Gegebenheiten (feuchter oder trockener Boden zum Beispiel) siedeln sich Tiere und Pflanzen an, die solche Bedingungen zum Gedeihen brauchen. Ein Biotop, in das der Mensch nicht eingreift, lockt auch zahlreiche neue Tiere an. Entsteht irgendwo ein Tümpel, so dauert es nicht lange, bis sich Insekten und Frösche einfinden.

Wildkatzen bevorzugen geschützte Stellen im Wald, wo es Büsche und Felsspalten zum Verstecken gibt und alte Bäume, in denen sich Höhlen gebildet haben. Außerdem brauchen sie Wasser in ihrem Gebiet.

Wildkatzen sind äußerst menschenscheu (man spricht von ihrer »heimlichen« Lebensweise). Aber in den meisten Wäldern finden sie nicht mehr genug Rückzugsgebiete. Straßenverkehr und Ausflügler engen ihren Lebensraum immer mehr ein. Wildkatzen sind Einzelgänger, d. h. sie gehen allein auf Jagd. Dabei braucht jedes Tier ein Revier von etwa 270 Hektar.

»Hallo, Achim«, riefen ihm Sara und Sven erfreut zu. Sie waren so in die Karte vertieft gewesen, daß sie ihn gar nicht hereinkommen gehört hatten.

»Hilfst du uns, wenigstens auf der Karte ein Wildkatzenbiotop zu finden?« fragte Sara erwartungsvoll.

»Nein!« erwiderte Achim. Und als ihn Sara enttäuscht ansah, fügte er schnell hinzu: »Morgen fahren wir zusammen raus, ich habe da schon eine Idee.«

Beobachtungen in der Wolfsschlucht

Am nächsten Morgen waren Sven und Sara schon um sechs Uhr wach und packten alles ein, was sie meinten, auf der Pirsch nach den Wildkatzen gebrauchen zu können. Da fehlte weder eine Taschenlampe noch ein Seil, um damit irgendwo hinaufsteigen zu können. Auch Stiefel, Fernglas, Messer, genaue Karten – und natürlich reichlich Proviant – hatten sie bereitgelegt.

In zwei Kunststoffboxen verpackt, schleppten sie alles zum Geländewagen, denn in ihre Rucksäcke wollten sie nur das tun, was am jeweiligen Platz gebraucht wurde.

»Na, ihr habt ja eine ganze Sammlung nützlicher Dinge zusammengetragen«, sagte der Vater lachend, während er aus dem Forsthaus trat. »Aber sehr weit werden wir gar nicht pirschen. Wir werden vor allem viel Geduld brauchen, wenn wir auf den Ansitz gehen und beobachten.«

»Meinst du, gerade dort, wo wir sitzen, wird uns eine Wildkatze vor der Nase herumspazieren?« fragte Sara ungläubig.

»Wir haben doch schon auf so vielen Ansitzen mit dir gesessen, aber nie ist uns eine Wildkatze begegnet«, unterstützte Sven seine Schwester.

»Das stimmt. Aber denkt mal nach, worauf wir angesessen haben und zu welcher Tageszeit«, erwiderte der Vater.

»Na, abends meist, manchmal auch schon in der Morgendämmerung«, antwortete Sara.

»Und meist haben wir Rehe oder Rotwild beobachtet«, ergänzte Sven.

»Eben, und genau deshalb haben wir auch noch nie eine Wildkatze gesehen. Wir waren zur falschen Zeit am falschen Ort. Und selbst wenn dort Wildkatzen gewesen wären, hätten wir sie nicht wahrgenommen: Erstens, weil wir uns aufs Reh- oder Rotwild konzentriert haben, und zweitens, weil wir die Wildkatze in der Dämmerung mit Sicherheit nicht gesehen hätten.«

Achim streichelte Hasso, der wohl meinte, auch mitfahren zu dürfen. Doch ihn konnten sie heute wirklich nicht gebrauchen.

»Komm, Hasso, komm mit.« Sven lockte den Jagdhund zu seinem Zwinger. Mit traurigen Hundeaugen und hängendem Schwanz folgte ihm Hasso. Er hatte begriffen, daß er nicht mitdurfte.

»So, ich glaube, nun haben wir alles. Ich hole nur

noch mein Gewehr.« Achim ging noch einmal ins Haus, um den Drilling aus dem sorgsam verschlossenen Waffenschrank im Dienstzimmer zu holen.

»Sag mal, Achim, warum nimmst du eigentlich dein Gewehr mit?« fragte Sara, als er zurückkam.

»Falls ich zufällig ein krankes Stück Wild, einen wildernden Hund oder ein tollwütiges Tier sehe. Wegen der Wildkatzen nehme ich es bestimmt nicht mit. Sie sind streng geschützt. Es ist bei Strafe verboten, auf sie zu schießen.«

»Na, dann ist es ja gut«, antwortete Sara.

»Wo fahren wir eigentlich hin?« erkundigte sich Sven. »Oder ist das ein Geheimnis?«

»Nein, das ist überhaupt kein Geheimnis, aber ihr habt mich ja bisher nicht danach gefragt.« Achim lachte. »Ihr kennt doch das Gebiet um die Wolfsschlucht. Dort gibt es dichtes Gebüsch und auch Freiflächen, kleine Rinnsale und alte Bäume. In den Felsen finden sich Höhlen, Spalten und kleine Vorsprünge. Solche Biotope lieben Wildkatzen.«

»Und du meinst, in so einer Höhle werden wir eine Wildkatze entdecken?« fragte Sara hoffnungsvoll.

»Dann ist es ja gut, daß wir das Seil mitgenommen haben, um uns in die Höhle abseilen zu können«, stellte Sven fest.

Achim schüttelte den Kopf. »Es ist zwar gut, daß du das Seil für alle Fälle mitgenommen hast. Aber um uns in eine Höhle abzuseilen, brauchen wir es bestimmt nicht. Wenn wir in der Wolfsschlucht nämlich einen mächtigen Wirbel machen und hierhin und dahin rennen und womöglich noch in jedes Loch leuchten, sehen wir nicht mal einen Wildkatzenschwanz.«

»Wieso denn? Die Wildkatze wird doch in ihrer Höhle bleiben, wenn sie draußen jemanden hört«, meinte Sven.

»Mensch, die ist so schnell weg und verzieht sich

sonstwohin, vielleicht durch einen Notausgang, wenn wir herumtrampeln«, belehrte ihn Sara.

»Hm, stimmt, daran habe ich gar nicht gedacht. Aber wie wollen wir dann überhaupt eine finden?«

»Wir werden wohl oder übel auf sie warten müssen. Das heißt: vielleicht stundenlanger, möglichst ruhiger Ansitz. Meint ihr, das werdet ihr packen?«

Beide Kinder nickten nur.

Achim lenkte den Geländewagen zwischen die Bäume und hielt an.

»Sind wir da?« fragte Sven aufgeregt.

»Siehst du doch«, zischte Sara. »Glaubst du, Achim macht hier Frühstückspause? Und nun sei still, sonst verscheuchst du die Wildkatzen.«

Achim mußte grinsen, und auch Sven lächelte. »Du tust, als ob gleich neben dem Auto ein ganzes Rudel von Wildkatzen steht. Aber ich bin ja schon still.«

Und das war auch besser so, denn Sara hatte bereits das unmißverständliche Funkeln in ihren grünen Augen. Sven wußte, daß dies nichts Gutes bedeutete.

Obwohl die drei noch ein ganzes Stück von der Wolfsschlucht entfernt waren, stiegen sie leise und wortlos aus. Sie nahmen ihre Rucksäcke und Achim außerdem sein Gewehr. Einige Minuten stapften sie im Gänsemarsch über einen schmalen Waldpfad direkt zur Schlucht.

Achim kannte dort jeden Baum und Strauch und führte die Kinder zu einer Stelle, die sich für den Ansitz ganz besonders gut eignete. Sie lag geschützt und gut getarnt. Dennoch konnte man die andere Seite der Schlucht, die am Vormittag von der Sonne beschienen war, gut überschauen. Nach einem Weg von etwa zehn Minuten lichtete sich der Wald, und Achim hielt an.

»Paßt auf«, flüsterte er. »Wir sind gleich da. Nehmt jetzt die Feldstecher heraus und bewegt euch möglichst vorsichtig und leise. Man kann nie wissen, ob nicht vielleicht schon eine Wildkatze irgendwo in der Sonne liegt. Ich glaube es allerdings nicht. Erst wenn die Sonne höher steigt, erreicht und erwärmt sie die Felsen.«

»Sollen wir uns dann hinsetzen oder stehenbleiben?« flüsterte Sara.

»Ihr setzt euch, und zwar rechts und links von mir, damit ihr nicht etwa anfangt, euch zu kabbeln oder zu tuscheln«, bestimmte Achim, der seine beiden Kinder kannte.

Die beiden holten ihre Ferngläser heraus und lockerten die Rucksäcke, um sie dann besser absetzen zu können. Wie die Indianer schlichen sie weiter. Katzen haben ein zehnmal feineres Gehör als Menschen und würden jedes noch so leise, ungewöhnliche Geräusch als Gefahr einschätzen.

Endlich tat sich vor den Wanderern die Schlucht auf, und sie konnten die andere Seite mit ihren Felssimsen und Spalten erkennen. Fast so geräuschlos wie Katzen glitten die drei auf den von Achim angesteuerten Hochsitz. Tatsächlich konnte man von hier aus ein großes Stück der gegenüberliegenden Schlucht sehen.

Sofort begannen sie mit ihren Ferngläsern die Felswand abzusuchen. Doch nirgends ließ sich auch nur die Schwanzspitze einer Wildkatze erblikken. Nun hieß es geduldig warten, vielleicht ein, zwei oder gar drei Stunden. Und selbst bei der größten Geduld konnte keiner wissen, ob sie überhaupt eine Wildkatze zu Gesicht bekommen würden.

Die Zeit verging. Die Sonne stieg höher und beschien schließlich auch die Felsen. Plötzlich stieß Sven dem Vater seinen linken Ellenbogen in die Seite. Mit dem Kopf deutete er nach vorn. Doch die Bewegungen, die Sven mit scharfem Auge wahrgenommen hatte, stammten von einem Wiesel, das am Hang entlanglief und bald hier, bald da die Nase in ein Mauseloch steckte.

Eine Stunde war bereits vergangen, in der die Kinder zwar viele verschiedene Vogelarten beobachtet hatten, aber von Wildkatzen keine Spur zu sehen war.

Wieder verging eine halbe Stunde, und Sara begann, am Erfolg ihrer Beobachtungen zu zweifeln. Unruhig und steif vom langen Stillsitzen rutschte sie hin und her. Doch dann stockte ihr der Atem: In einer Felsspalte bewegte sich etwas. Schnell griff sie zu ihrem Fernglas. Sie traute ihren Augen kaum:

An der Spalte drängelten sich zwei kleine Katzen, die genauso aussahen wie Minkas Kinder. Nur etwas kleiner schienen sie noch zu sein. Fast wäre sie vor Freude in die Luft gesprungen, doch sie besann sich noch rechtzeitig und stupste den Vater an.

Aber auch Achim hatte längst sein Fernglas an die Augen gesetzt und die jungen Wildkatzen entdeckt. Er flüsterte: »Paßt auf, die kommen gleich ganz raus, um in der warmen Sonne zu spielen. Ich wette, die Mutter ist noch auf der Jagd, sonst würde sie die Kleinen nicht allein hinauslassen.«

»Meinst du, sie kommt bald?« flüsterte Sara.

»Wenn wir weiter Geduld und etwas Glück haben, werden wir sie sehen«, antwortete Achim leise.

»Ich bleibe steif wie ein Stock sitzen.« Sven setzte sein Fernglas wieder an die Augen, um auch ja nicht zu verpassen, wenn die kleinen Katzen ganz aus ihrer Höhle herauskommen würden.

Und tatsächlich, keine fünf Minuten dauerte es, und die ersten beiden Kätzchen wurden buchstäblich aus der Höhle hinausgedrängt. Hinter ihnen kamen nämlich zwei weitere, die auch gerne in die Sonne wollten, um dort zu spielen.

Nun ging auf der Felsplatte vor der Höhle ein

wildes Treiben los. Natürlich begnügten sich die Katzenkinder nicht damit, friedlich in der Sonne zu sitzen oder zu liegen, sondern sie jagten einander. Eines belauerte den wackelnden Schwanz eines anderen und sprang dann plötzlich und unerwartet zu, um den Schwanz zu fangen. Blitzschnell drehte sich das andere um, sprang den Angreifer an und bearbeitete ihn mit den Hinterpfoten. Die kleinen Mäuler wurden aufgerissen und nadelspitze Zähnchen gezeigt. Obwohl Sara und Sven die gleichen Spiele von Minkas Kindern kannten, waren sie so begeistert, daß sie sich kaum das Lachen verkneifen konnten.

Doch plötzlich nahm das ausgelassene Spiel der kleinen Wildkatzen ein jähes Ende. Wie aus dem Boden gewachsen stand die Katzenmutter auf der Steinplatte. Nicht einmal Achim hatte sie kommen

sehen. Sie trug eine Beute im Fang, ein junges Wildkaninchen. Diese Beute ließ sie vor den Jungen fallen.

Zuerst erschreckt, dann aber neugierig langten die Kleinen mit ihren Pfötchen nach dem toten Kaninchen. Doch als sich die Mutter vorsichtig zu ihnen legte, war das Interesse am Beutetier vergessen. War es doch viel einfacher, die vertraute Milch aus Mutters Zitzen zu saugen. Bereitwillig legte sich die Kätzin auf die Seite und umschloß ihre Jungen – man muß schon sagen, richtig liebevoll – mit den Pfoten. Alle vier hatten in diesem U-Bogen, den die Mutter aus Vorderpfoten, Bauchseite und Hinterpfoten bildete, reichlich Platz. Krabbelte eines der Jungen aus dem U heraus, wurde es mit den Vorderpfoten umschlossen und zurückgeholt.

Sara und Sven preßten ihre Ferngläser vor die Augen, um nichts zu verpassen. Auch Achim war von diesem einmaligen Schauspiel gefesselt. So etwas hatte selbst er, der alle Tiere im Wald wirklich gut kannte, noch nie gesehen.

Nach etwa zehn Minuten meinte die Katzenmutter wohl, daß ihre Jungen genug getrunken hätten und man sich einer anderen wichtigen Aufgabe zuwenden könne. Mit ihren Vorderpfoten packte sie nun das ihrem Kopf am nächsten liegende Junge und leckte es ausgiebig. Immer wieder kam ihre rauhe rosa Zunge heraus und »wusch« das Kleine von Kopf bis Fuß. Dem schien das ganz und gar nicht zu behagen, denn es wand sich wie ein Aal. Doch die Verrenkungen halfen ihm gar nichts – auch Bauch und Hinterteil wurden gründlich abgeleckt. Diese Bauchmassage setzt die Verdauung des Jungen in Gang. Danach leckte die Mutter auch die Exkremente auf. Schließlich sollten die Liegefläche auf dem Felsen und das Lager sauber bleiben. Ein Katzenkind nach dem anderen wurde einer gründlichen Wäsche unterzogen.

Die bereits gesäuberten Jungen wurden von der Mutter zum Spielen oder Faulenzen entlassen. Zwei Junge beschäftigten sich gemeinsam mit dem toten Jungkaninchen. Aber ob sie schon wußten, daß man diese Beute auch verzehren konnte und daß es die Mutter zu diesem Zweck gefangen und getötet hatte, blieb den drei Beobachtern verborgen.

Das dritte Wildkatzenkind hatte sich in einer kleinen Nische, die aus zwei Steinen gebildet wurde, zusammengerollt, den Schwanz über das Gesicht gelegt und schlief.

Auch das zuletzt geputzte Junge trollte sich nun zu den anderen und weckte dann mit einem gezielten Sprung das schlafende auf.

Die Katzenmutter hatte inzwischen die Augen geschlossen und streckte sich wohlig in der Sonne aus. Doch ihr Schläfchen sollte nicht lange dauern. Schon saß eines ihrer Jungen auf der Lauer und peilte den Schwanz der Mutter an. Es duckte sich, trippelte von einem Fuß auf den anderen, sprang zu und kugelte sich gleich darauf herum. Die Mutter hob den Kopf und ließ ihren Schwanz durch die Luft schnellen.

Beobachtung

Durch ihre Lebensweise im Verborgenen gehört die Wildkatze zu den am wenigsten erforschten Tieren. Es gehört viel Geduld dazu und eine gehörige Portion Glück, um Wildkatzen beobachten zu können. Meist verschwinden sie beim leisesten ungewohnten Geräusch in ihren Verstekken. Deshalb ist auch der Bestand schwer zu schätzen. Oft kann man nur von den Spuren auf die Existenz der Tiere schließen.

Es gibt auch kaum Fotos von freilebenden Wildkatzen. Oft müssen Forscher jahrelang lauern, um eine vor die Kamera zu bekommen. Viele Fotos entstehen aus traurigem Anlaß: Dem Straßenverkehr, einer zunehmenden Gefahr für die Tiere, fallen Wildkatzen häufig zum Opfer.

Mindestens eine Viertelstunde spielten die Katzen so mit ihrer Mutter. Ab und zu setzte es auch ein paar Pfotenhiebe, wenn es die Kleinen zu wild trieben, doch dies störte sie nicht bei ihrem »Lernspiel«.

Schließlich wurde es der Mutter aber doch zuviel. Sie stand auf, streckte die Vorderpfoten weit nach vorn, stellte das Hinterteil hoch und ließ schließlich ihre Wirbelsäule abrollen wie einen Gummistab. Dann sprang sie mit einem Satz auf einen winzigen Felsvorsprung oberhalb der Steinplatte und kauerte sich mit untergeschlagenen Pfoten in typischer Katzenmanier zusammen. Verdutzt blickten ihr die Jungen nach. Das schöne Spielzeug war nun unerreichbar für sie.

Mitten in den schönsten Beobachtungen preßte Sven plötzlich die Hand vor den Mund. Sein Kopf lief purpurrot an, und er begann zu würgen. Es half nichts, er keuchte und hustete schließlich. Im selben Augenblick standen auf der anderen Seite der Schlucht alle Katzen still und steif da. Augen und Ohren waren auf die drei Beobachter gerichtet. Beim nächsten Husten verschwanden sie wie der Blitz in der Felsspalte.

»Tut mir leid«, keuchte Sven. »Mir ist eine Fliege direkt in den Mund geflogen.« Er hustete noch einmal und spuckte einen dicken Brummer aus. »Igitt!« Er schüttelte sich.

»Nun sei endlich wieder still«, zischte Sara. »Sonst kommen die Katzen überhaupt nicht wieder raus.«

»Die kommen jetzt sowieso nicht mehr«, sagte Achim. »Wir können in aller Ruhe was essen.« Er begann, seinen Rucksack auszupacken.

»Wollen wir nicht lieber ein Stück weggehen? Hier stören wir sicherlich die Wildkatzen, und sie kommen heute gar nicht mehr heraus«, wandte Sara ein.

»Wenn wir uns jetzt vorsichtig wegschleichen, ist das für die Wildkatzen viel verdächtiger, als wenn wir uns wie Ausflügler verhalten. Nach dem Essen packen wir geräuschvoll ein und gehen. Dann wissen sie, daß die Gefahr vorüber ist«, erklärte Achim.

Eine schwierige Patientin

»Oh, wir haben ja Besuch«, stellte Achim fest, als er mit den Kindern wieder auf den Hof des Forsthauses fuhr. Dort stand der Wagen seines Freundes Klaus. Er war der einzige Tierarzt im Umkreis und gehörte so gut wie zur Familie. Ihn hätte Achim kaum als Besuch bezeichnet. Aber außer seinem Auto stand noch ein weiteres dort, das weder Achim noch die Kinder kannten.

»Gut, daß ihr kommt!« rief Irene den Ankömmlingen zu. »Falls ihr keine Wildkatze beobachtet habt – jetzt könnt ihr eine sehen.« Sie ging voran ins Dienstzimmer.

»Du hast eine Wildkatze hier?« fragte Sara ungläubig.

Die Mutter nickte. »Das ist eine traurige Geschichte. Herr Jorks rief vorhin an. Er hat eine Katze in einem Tellereisen gefangen und vermutete, daß es eine Wildkatze war. Ich habe ihm gesagt, er solle Klaus anrufen und das verletzte Tier mit ihm herbringen.«

Achim schob die Kinder beiseite und lief mit

großen Schritten auf den Bauern zu, der in einem der Besuchersessel saß.

»Wissen Sie nicht, daß es verboten ist, Schlageisen aufzustellen?« rief er zornig. »Das gibt noch Ärger, darauf können Sie sich verlassen!«

»Ich hab ja nur ... äh ... meine Hühner ... und auch das andere Federvieh schützen wollen. So viel Raubzeug ist hinter denen her: Fuchs und Marder und vor allem diese Wildkatzen schleichen um den Hof und fangen mir am hellichten Tag die Küken weg.«

Nach der ersten Verlegenheit begann der Bauer zu jammern und zu schimpfen. Doch damit kam er bei Achim schlecht an.

»Erzählen Sie mir doch nicht, daß bei Ihnen Wildkatzen umherschleichen. Ich habe gerade mit meinen Kindern stundenlang angesessen, um eine zu beobachten. Ein Huster, und sie war weg. Und Sie tun so, als würden die Wildkatzen zu Dutzenden über Ihr Federvieh herfallen! Es gibt auch bei uns immer weniger Wildkatzen, und eine davon haben Sie nun erlegt. Gratuliere!«

So wütend hatten Sara und Sven ihren Vater selten erlebt.

»Achim, beruhige dich«, sagte Klaus. »Was glaubst du denn, weshalb ich hier bin? Bestimmt nicht, um ein totes Tier anzusehen.«

»Sondern?« fragte Achim kurz, aber schon etwas ruhiger und freundlicher als vorher.

»Tote Tiere brauchen bekanntlich meine Hilfe nicht mehr, aber verletzte«, sagte der Tierarzt und zeigte auf die Kiste in der Ecke. »Dort haben wir sie eingesperrt. Sie hat zwar Verletzungen an beiden Hinterläufen, und einer ist gebrochen, doch wir bekommen sie durch.«

»Können wir nun endlich mal die Wildkatze sehen?« Sara war es gar nicht recht, daß sich die Erwachsenen stritten, anstatt sich um das Tier zu kümmern.

»Moment«, sagte Klaus. »Ich muß euch erst noch etwas sagen. Problematisch ist nicht ihre Verletzung, die ist in zwei bis drei Wochen wieder in Ordnung. Aber die Katze ist hochträchtig. Die Geburt kann in den nächsten Tagen, ja, durch die Aufregung vielleicht schon in den nächsten Stunden beginnen.«

»Auch das noch«, schimpfte Achim. »Das ist ja eine schöne Bescherung. Und was sollen wir nun machen?«

»Ja, wenn ich das wüßte...« Klaus zuckte die Schultern.

»Kann die Wildkatze denn nicht ihre Jungen hier bei uns großziehen?« fragte Sven.

»Wir kümmern uns um sie, geben ihr Futter und Wasser, und irgendwo finden wir auch einen gemütlichen Platz für sie«, fügte Sara hinzu.

»Das ist alles schön und gut, aber ihr müßt

bedenken, daß es keine zutrauliche Hauskatze ist, sondern ein Wildtier, das vor uns Menschen panische Angst hat. Wenn sie nicht weg kann, wird sie aggressiv reagieren«, erklärte Klaus.

»Hm, das stimmt natürlich. Aber irgendwie muß man ihr doch helfen können!« Sara sah ratlos von einem zum anderen.

»Natürlich, deshalb ist Klaus ja auch hier«, versicherte Achim. »Wir wissen bloß nicht, wie sie sich verhalten wird, wenn ihre Jungen in der Gefangenschaft und bei dem Streß, unter dem die Katze jetzt steht, geboren werden.«

Sara und Sven gingen zu der Holzkiste, die oben nur eine kleine, mit Draht bespannte Öffnung hatte. Sehen konnten sie gar nichts, denn im Inneren war es dunkel. Dafür vernahmen sie aber ein lautes und drohend klingendes Fauchen. Unwillkürlich zuckten sie zurück.

»Seht ihr, freundlich ist sie augenblicklich nicht gerade. Herr Jorks und ich hatten große Mühe, sie überhaupt aus der Falle zu befreien und zu verarzten.« Klaus streckte den Geschwistern seine zerkratzten Hände entgegen.

Achim nahm eine kleine Taschenlampe aus seinem Schreibtisch und leuchtete in die Kiste hinein. »Das ist ja ein Prachttier! Wenn du nicht schon festgestellt hättest, daß es eine Kätzin ist, hätte ich es für einen Kuder gehalten.« Zu Bauer Jorks gewandt sagte er in einem schon etwas weniger gereizten Ton: »Was mache ich nun mit Ihnen? Sie wissen doch ganz genau, daß Tellereisen verboten sind, und zwar schon seit über fünfzig Jahren. Woher haben Sie denn überhaupt noch so ein Ding?«

»Das lag bei uns immer auf dem Dachboden, und da dachte ich mir, ehe ich mir eine neue teure Falle kaufe, kann ich ja erst mal diese ausprobieren. Ich wußte ja nicht, daß sich das arme Vieh so verletzt. Ich dachte, es würde von den Bügeln gleich erschlagen«, antwortete der Bauer.

»Na, seien Sie froh, daß es nicht so ist. Wildkatzen stehen unter Naturschutz. Sie bringen mir morgen früh das Tellereisen und sämtliche anderen Fallen, die Sie vielleicht noch haben. Die muß ich beschlagnahmen, und außerdem muß ich wenigstens ein internes Protokoll machen. Vielleicht fällt mir bis morgen etwas Sinnvolles ein, was Sie für unseren Wald tun könnten, um ihr Vergehen ein wenig auszugleichen. Dann – und wenn die Kätzin durchkommt – verzichte ich ausnahmsweise auf eine Anzeige. Auf Wiedersehen.« Er reichte dem Bauern die Hand. »Und danke, daß Sie bei uns angerufen und das Tier hergebracht haben.«

»Auf Wiedersehen, Herr Oberförster, und vielen Dank!« stammelte der Bauer. Er war froh, ohne Anzeige wegzukommen.

»So, nun wollen wir uns mal näher mit der Kätzin beschäftigen«, entschied Achim.

»Au ja, laß sie raus. Ich möchte mal sehen, was sie hier im Zimmer macht«, schlug Sven vor.

»Du spinnst wirklich. Denkst du vielleicht, sie setzt sich wie Minka auf deinen Schoß?« Sara schüttelte den Kopf.

»Stimmt, *eine* frei herumlaufende Wildkatze reicht«, gab Sven zurück und sah dabei seine Schwester an.

Ehe Sara sich auf ihn stürzen konnte, beschwichtigte Irene: »Sven, das geht wirklich nicht, daß wir

sie hier rauslassen. Erstens kann sie gar nicht laufen, und zweitens hat sie panische Angst vor dem Raum, vor uns, vor den Gerüchen, ja einfach vor allem.«

»Können wir sie nicht draußen in dem leerstehenden Zwinger unterbringen? Da hat sie einen Unterschlupf und, wenn sie kann, auch Auslauf«, schlug Sara vor.

»Das müßte gehen«, stimmte Achim zu.

Gemeinsam mit Klaus nahm er die Kiste auf, während Sara und Sven schnell die Türen öffneten.

Glücklicherweise hatten die Kinder den Zwinger gründlich gesäubert, nachdem der letzte Bewohner – ein kranker Fuchs – in die Freiheit entlassen worden war. Nun legten sie frisches Heu in die Schlafkiste und stellten in der Kiste und draußen im Zwinger Wasserschalen auf.

Irene hatte inzwischen in der Mikrowelle Geflügelabfälle aufgetaut. Im Forsthaus wurden ständig verletzte oder kranke Tiere untergebracht und verpflegt. Deshalb gab es im Keller eine kleine Gefriertruhe extra für Tierfutter. Sara stellte den gefüllten Napf in die Schlafkiste.

Nun kam der große Augenblick. Klaus hob vorsichtig den Deckel von der Transportkiste.

»Mach schon! Wir wollen die Katze endlich sehen«, drängelte Sven.

Doch Klaus warf nur einen kurzen Blick in die Kiste. Und anstatt den Deckel nun endlich ganz herunterzunehmen, schob er ihn schnell wieder darüber.

»Was ist los?« fragte Sara ängstlich. »Ist sie etwa tot?«

Klaus lächelte ihr beruhigend zu. »Im Gegenteil«, sagte er. »Sie bekommt gerade ihre Jungen.«

»Das gibt's doch gar nicht!« Achim schüttelte den Kopf. »Wir zerbrechen uns den Kopf über ihr Wohlergehen, und sie wirft inzwischen in aller Ruhe ihre Jungen.«

»Aber wie sollen wir sie bloß mit den Kleinen umquartieren?« überlegte Irene. »Sie läßt doch dann erst recht keinen an sich ran.«

»Wir müssen sie jetzt ein bis zwei Stunden in Ruhe lassen«, erklärte Klaus. »Länger dauert es nicht, bis sie alle Jungen geboren hat. Danach ist sie erst einmal erschöpft und wird durch das Nuckeln der Kleinen beruhigt. In dieser Zeit müssen wir sie in die Schlafkiste des Zwingers setzen.«

»Dann trinken wir jetzt erst mal Tee«, schlug Irene vor. »Und ihr erzählt von eurem Ausflug.«

Sechs Wildkatzen in der Schlafkiste

Als alle um den Teetisch saßen, berichteten Achim und die Kinder von ihren Beobachtungen.

Klaus wollte es kaum glauben. »Ihr erzählt uns Jägerlatein«, brummte er. »Da warten manche Tierforscher jahrelang, bis sie eine freilebende Wildkatze zu Gesicht bekommen, und ihr setzt euch mal kurz hin – und schon spazieren sie euch vor der Nase rum!«

»Von wegen, mal kurz hinsetzen!« rief Sven empört. »Wir haben stundenlang gewartet. Und keiner hat behauptet, daß sie uns vor der Nase rumspaziert sind.«

Achim lachte. »Es stimmt schon, daß wir unglaubliches Glück gehabt haben. Aber reiner Zufall war es auch wieder nicht. Ich habe mir die Gegend vorher sehr genau angesehen. Daß dort Wildkatzen leben müssen, war mir klar.«

Irene bedauerte sehr, daß sie nicht mitgefahren war. Vielleicht hätte sie mit dem Weitwinkelobjektiv Fotos machen können. Gute Wildkatzenfotos waren rar.

»Sicher kannst du die verletzte Katze mit ihren Jungen fotografieren«, tröstete Sven.

»Können wir jetzt endlich wieder zum Zwinger gehen?« fragte Sara immer wieder. Vor Aufregung beteiligte sie sich kaum am Gespräch.

Aber erst nach zwei langen Stunden gab Klaus sein Einverständnis. Sara lief los, dicht gefolgt von ihrem Bruder.

»Sei vorsichtig, Sara«, sagte Sven, als sie am Zwinger angelangt waren. »Klaus hat gesagt, daß man die Kätzin auf keinen Fall erschrecken darf. Sie könnte sonst vielleicht sogar ihre Jungen auffressen.«

»Natürlich passe ich auf«, gab Sara spitz zurück. »Ich weiß doch, was das für ein Streß für das Tier ist. Eingesperrt in der engen Kiste – und dazu noch die Schmerzen.«

Vorsichtig leuchtete sie mit der Taschenlampe in die Kiste.

»Sie liegt auf der Seite und säugt ihre Jungen«, flüsterte sie ihrem Bruder zu und zog sich zurück.

»Laß mich auch mal sehen!« Sven drängte sich zur Kiste. »Wie viele Junge sind es denn?«

»Laß das lieber.« Sara schob ihn beiseite. »Gleich kommen die anderen, dann müssen wir den Deckel noch mal hochheben.«

»Hauptsache, du hast reingeschaut, was?« Er versuchte, Sara wegzuschieben.

»Müßt ihr euch eigentlich immerzu kabbeln?« fuhr Achim die beiden an. »Hier bei der Wildkatze ist ja nun wirklich nicht der geeignete Ort dafür. Das Tier empfindet jedes Geräusch als Bedrohung.«

Die Kinder schwiegen beschämt. Der Vater hatte ja recht.

»Macht mal die Zwingertür zu«, forderte Klaus. »Damit sie nicht abhaut, wenn wir den Deckel von der Kiste nehmen.«

Vorsichtig hob er den Deckel ab. Nichts geschah. Und noch vorsichtiger beugte sich der Tierarzt jetzt über die Kiste.

»Wenn sich nicht eins irgendwo versteckt hat, sind es fünf Junge«, berichtete er.

Auch Achim sah nun von oben in die Kiste. Die Kätzin blickte die beiden Männer argwöhnisch, ängstlich, aber auch irgendwie entschlossen an. Einfach würde es nicht sein, sie mit ihren Jungen umzuquartieren.

Svens Blick fiel auf die Seitenwände der Kiste. Sie war aus einfachen Brettern zusammengenagelt. Man brauchte nur ein paar Nägel zu entfernen ...

»Moment mal«, rief er und lief in den Geräteschuppen. Mit einer Zange kam er zurück und drückte sie seinem Vater in die Hand.

»Was soll ich denn damit?« fragte Achim verblüfft.

»Natürlich die eine Seitenwand entfernen«, erklärte Sven. »Dann kann die Katze entweder selbst aus der Kiste kommen, oder ihr holt sie raus.«

»Prima Idee«, lobte Achim. »Gut, wenn man einen praktischen Menschen in der Familie hat.«

»Dann könnt ihr die Kiste mit der offenen Seite an das Eingangsloch der Schlafkiste schieben«, meinte Sara. Ausnahmsweise hatte sie an dem Vorschlag ihres Bruders nichts auszusetzen. »Vielleicht zieht die Kätzin dann von selbst um.«

»Einen Versuch ist es auf jeden Fall wert«,

stimmte Klaus zu. »Schonender für das Tier wäre es allemal, wenn wir es nicht herausfangen müßten.«

Vorsichtig entfernten die beiden Männer eine Seitenwand und schoben die nun seitlich und oben offene Kiste ganz dicht an das Eingangsloch der Schlafkiste heran.

»So, und nun lassen wir sie in Ruhe«, entschied Achim. »Morgen früh werden wir sehen, ob sie herausgekommen ist.«

Aber Sara konnte nicht bis zum nächsten Morgen warten. Sie war so neugierig, ob es die kranke Wildkatze tatsächlich schaffen würde, ihre Jungen ins Nest in der Schlafkiste zu transportieren, daß sie nicht einschlafen konnte. Es war schon nach Mitternacht, als sie sich leise wieder anzog und auf Zehenspitzen aus dem Haus schlich, eine starke Taschenlampe in der Hand. Angst hatte sie nicht. Sie war schon oft nachts allein draußen gewesen, um nach einem der ständig wechselnden Patienten im Zwinger zu sehen. So erschrak sie auch nicht, als auf der hohen Tanne neben dem Forsthaus ein Käuzchen schrie oder als Minka wie ein grauer Schatten über den Hof huschte.

Ganz leise schlich sie sich zum Zwinger und stieg auf einen Holzstoß, um von draußen in die Kiste

sehen zu können. Ihr Herz klopfte, als sie die Taschenlampe anknipste.

Nichts war zu sehen. Die Kiste war leer. Die Katzenmutter war tatsächlich mit all ihren Jungen in das Nest gezogen!

Glücklich lief sie zurück zum Haus. Und nun erschrak sie doch. In der dunklen Eingangstür stand eine Gestalt.

»Na, meine Oberwildkatze? Was macht unsere Patientin?«

»Hast du mich erschreckt, Achim«, stieß sie hervor. »Der Kätzin geht es anscheinend gut. Jedenfalls ist nichts zu sehen von ihr und den Jungen.«

»Na prima, dann haben wir ja schon fast gewonnen. Katzen sind eben zähe Tiere.«

»Woher wußtest du überhaupt, daß ich noch mal rausgegangen bin?« wollte Sara wissen.

»Ich kenne dich doch! Außerdem habe ich dich gehört. Den Ohren eines Försters entgeht nichts.« Er legte den Arm um Saras Schultern und schob sie ins Haus. »Nun aber ins Bett!«

Am nächsten Tag rief Achim den Tierarzt an und berichtete, daß alles gut geklappt habe. Sogar gefressen hatte die Kätzin. Nur zutraulicher war sie verständlicherweise nicht geworden. Wütend fauchte sie jeden an, der durch das aufklappbare Dach der Schlafkiste schaute.

»Das gewöhne ich ihr schon ab!« versicherte Sara.

Doch Achim hatte da so seine Zweifel. Ein erwachsenes Wildtier, das noch nie Kontakt mit Menschen gehabt hatte, würde sich so gut es konnte verstecken und sein Nest verteidigen.

»Wird sie sich denn gar nicht sehen lassen?« fragte Irene enttäuscht. Die seltene Gelegenheit, Nahaufnahmen von Wildkatzen zu machen, war zu verlockend.

Achim zuckte die Achseln. Man könne nur abwarten, meinte er.

Sara schwieg, doch die Eltern sahen ihr an: Sie hatte sich etwas in den Kopf gesetzt.

Von diesem Tag an verbrachte sie täglich mehrere

Stunden im Zwinger. Sie hatte sich in einer Ecke sozusagen häuslich eingerichtet. Kaum kam sie aus der Schule und hatte ihr Mittagessen verschlungen, verschwand sie mit ihren Hausaufgaben im Wildkatzenzwinger. Stundenlang saß sie auf ihrem Kissen und redete mit leiser, gleichmäßiger Stimme vor sich hin. Sie las aus ihren Schulbüchern vor, erklärte Rechenaufgaben, paukte Vokabeln – egal, was. Wichtig war der Tonfall. Jedesmal brachte sie der Kätzin etwas Tatar mit und legte den Leckerbissen in den Eingang der Schlafkiste.

Drei Tage vergingen, ohne daß etwas geschah. Sven begann schon zu murren, er wolle auch mal in den Zwinger. Aber Sara hatte mit Klaus telefoniert und sich beraten lassen. Wenn überhaupt Aussicht auf Erfolg bestand, was er bezweifelte, dann dürfe die Kätzin nur zu einem einzigen Menschen Vertrauen fassen.

»Wir müssen alle Geduld haben, Sven«, tröstete Sara ihren Bruder. »Ich sitze nun schon drei Tage im Zwinger, und die Kätzin ist noch kein einziges Mal herausgekommen. Dabei könnte sie das sehr gut. Man sieht das am Kot, den sie in der Nacht draußen absetzt. Aber stell dir vor, heute hat sie zum erstenmal nicht gefaucht, als ich den Deckel geöffnet habe.«

»Kannst du eigentlich sehen, wie es ihren verletzten Beinen geht?« fragte Achim beim Abendbrot. »Klaus muß demnächst die Verbände prüfen und nachsehen, ob es keine Wundinfektion gegeben hat.«

Aber Sara konnte auch nicht sagen, ob die Kätzin gut stehen oder gehen konnte. Wenn sie in die Kiste schaute, lag sie immer. Daß sie laufen konnte, stand fest, weil sie immer draußen ihren Kot absetzte. Doch ob die Verletzungen gut verheilten, wußte sie nicht.

»Vielleicht kann Klaus noch ein paar Tage mit der Untersuchung warten«, meinte sie. »Bestimmt hat sich die Kätzin bis dahin etwas mehr an mich gewöhnt. Ich gehe gleich noch mal raus und schaue nach ihr.« Sie stand auf und verschwand.

»Was meint ihr, wird sie es schaffen, die Kätzin so zutraulich zu machen, daß man ihr besser helfen kann?« fragte Achim zweifelnd.

Irene hob die Schultern. »Ich weiß ja, auch Klaus ist der Ansicht, daß es nicht klappen wird. Aber ich glaube eigentlich trotzdem daran. Bei der Geduld, die sie für das Tier aufbringt!«

»Ich find's blöd, daß ich nicht einmal gucken darf«, knurrte Sven. »Aber daß Sara es schafft, das glaube ich schon.«

»Na ja«, sagte Achim, »vielleicht. Nur – es muß ziemlich schnell gehen. Wenn es eine Infektion gegeben hat, muß Klaus bald etwas tun. Sonst ist es möglicherweise zu spät.« Er machte ein besorgtes Gesicht.

»Nun laß ihr doch noch zwei Tage«, bat Irene.

»Gut, aber dann soll Klaus das Tier untersuchen. Notfalls muß er es eben betäuben.«

Am nächsten Nachmittag saß Sara wieder in ihrer Ecke im Zwinger. Das Tatar hatte sie noch nicht in den Eingang der Schlafkiste gelegt. Sie begann, leise vorzulesen.

Nach etwa zehn Minuten raschelte es in der Kiste. Sara sah auf, redete aber leise weiter. Da erschien am Eingangsloch der Kopf der Kätzin. Ihre Schnurrhaare zuckten, und die vom Dunkel der Kiste weit geöffneten Pupillen zogen sich im hellen Sonnenschein zu feinen Strichen zusammen. Die Katze begann, auf dem Boden herumzuschnuppern. Als sie nichts fand, schaute sie Sara fragend, ja beinahe vorwurfsvoll an. Jedenfalls kam es Sara so vor.

Langsam griff sie nach der Tüte mit dem Fleisch. Die Kätzin beobachtete jede ihrer Bewegungen. Bei dem vertrauten Knistern spitzte sie die Ohren.

Nun hatte Sara das duftende Fleisch auf der Hand. Unablässig redete sie auf das noch immer ängstliche Tier ein. »Komm her, komm«, sagte sie immer wieder. »Ich habe dir gutes Futter mitgebracht. Du brauchst überhaupt keine Angst zu haben. Komm doch her, komm, komm ...«

Natürlich war ihr klar, daß die Kätzin kein einziges Wort von dem, was sie da sagte, verstand. Doch an ihrer ruhigen Stimme würde sie erkennen, daß ihr keine Gefahr drohte.

Schnuppernd kam der Kopf der Kätzin immer weiter vor, bis die Vorderbeine im Eingang zu sehen waren.

Nun bewegte sich auch Sara langsam auf das Tier zu. Nur noch zwanzig Zentimeter trennten ihre Hand von der Nasenspitze der Wildkatze. Ihr Herz klopfte heftig, doch ihre Hand blieb ganz ruhig. Noch ein Zentimeter, noch einer ...

Auch die Katze war aufs höchste gespannt. Sie schnupperte und spielte mit den Ohren. Plötzlich zog sie sich zurück und schaute nur noch durch das Eingangsloch nach außen.

Enttäuscht legte Sara das Fleisch langsam vor dem Eingang ab. Dann ging sie ein paar Schritte zurück und setzte sich in einigem Abstand auf den Boden.

Wurfplätze

Die Stellen, an denen Kätzinnen ihre Jungen zur Welt bringen, müssen trocken und vor Regen geschützt sein. Die Mutter sucht nicht nach Laub, Heu oder Moos, um das Nest auszupolstern. Ist solches Nistmaterial in einem geeigneten Unterschlupf aber vorhanden, so wird es nicht etwa entfernt, sondern gern angenommen. Länger benutzte Nester werden manchmal mit ausgerupftem Haar der Kätzin gepolstert.

Häufig wurden Wurfnester unter Reisighaufen und Holzstößen entdeckt. Aber auch dichtes Buschwerk wie Brombeergestrüpp ist gut geeignet. Zu ebener Erde liegende Baum- und Felshöhlen und Erdlöcher an Baumstümpfen werden ebenfalls gern als Wurfnester gewählt.

Die Kätzin ließ Sara nicht aus den Augen. Als sie sah, daß sie sich ein Stück entfernt hatte, schob sie sich wieder etwas weiter heraus. Da lag das köstliche Fleisch, nur zwei Schritte von ihr entfernt. Der Appetit siegte über die Furcht. Sie kam hervor, fraß gierig den Bissen und verschwand dann blitzschnell in der Kiste.

Sara strahlte. Das war doch schon ein großer

Fortschritt! Sie öffnete den Deckel der Schlafkiste, um zu sehen, was die Kätzin nun tat und wie es den Kleinen ging. Die Mutter saß da und putzte sich. Sie blickte nach oben und sah Sara an, zeigte aber keine Angst oder gar Panik. Die Jungen lagen zusammengekuschelt in der Nestmulde und schliefen. Soweit Sara erkennen konnte, waren sie gut genährt.

Sie schloß den Deckel und wich langsam und leise zurück. Doch kaum hatte sie die Tür des Zwingers hinter sich geschlossen, rannte sie los.

»Achim! Irene! Sven« rief sie atemlos, als sie am Haus angekommen war. »Kommt mal schnell!«

Aus drei verschiedenen Räumen liefen die Familienmitglieder zusammen, als würde es brennen.

»Was ist denn los?« fragte Irene erschrocken.

»Ich schaffe es«, rief Sara. »Stellt euch vor, ich schaffe es! Die Kätzin ist eben aus der Kiste gekommen. Bestimmt hat sie jetzt begriffen, daß wir es gut mit ihr meinen.«

»Daß *du* es gut mit ihr meinst«, verbesserte Achim und legte anerkennend den Arm um ihre Schultern.

»Wieso? Ihr meint es doch auch gut mit ihr, oder?« fragte Sara erstaunt.

Sara als Tierarzthelferin

Zwei Tage später, an einem Montag, war es dann soweit. Klaus wollte am Nachmittag kommen, um die Wildkatze zu untersuchen. Sara hatte fast das ganze Wochenende bei dem Tier verbracht. Die Kätzin fraß ihr jetzt das Fleisch aus der Hand und ließ sich sogar anfassen.

Nun sollte also der große »Auftritt« kommen. Nachdem sich die Kätzin an Sara gewöhnt hatte, würde sie zum erstenmal einen anderen Menschen sehen.

Gleich nach dem Mittagessen ging Sara wieder hinüber zum Wildkatzenzwinger. Schon als sie näher kam, streckte die Kätzin den Kopf aus der Schlafkiste und begann zu schnuppern. Kaum war Sara im Zwinger, kam sie ziemlich geschickt auf drei Beinen heraus. Sie vermied noch, das gebrochene Bein aufzusetzen. Die Wunde an dem anderen Bein schien ihr weniger weh zu tun. Wie immer redete Sara leise auf die Kätzin ein, und diese kam näher, nahm das Fleisch und ließ sich anfassen. Nicht gerade, daß Sara sie zum Schmusen wie eine

Hauskatze auf den Arm nehmen konnte, doch berühren und abtasten ließ sie sich. Sara hatte nun keine Bedenken mehr, daß Klaus auch mit ihr zurechtkommen würde.

Nach etwa einer halben Stunde kam der Tierarzt. Gut gelaunt wie immer stieg er aus dem Wagen und begrüßte lautstark Achim, Irene und Sven, die mit dem Feldstecher etwa hundert Meter von dem Zwinger entfernt standen.

Die Wildkatze spitzte aufmerksam die Ohren und hob den Kopf. Sara drehte sich um und legte den Finger auf die Lippen.

»Sie bereitet die Katze schonend auf dich vor«, sagte Sven leise.

Auch Klaus senkte die Stimme. »Da gibt es gar nicht so viel vorzubereiten. Die Kätzin soll ja geradezu erstaunlich zahm sein nach der kurzen Zeit.«

»Wir wissen das auch nur aus Saras Berichten. Und einiges konnten wir mit dem Fernglas beobachten. Da, schau mal durch.«

Achim reichte ihm seinen Feldstecher, und Klaus hob ihn an die Augen. Die Kätzin hatte sich gerade neben Sara in die Sonne gesetzt und machte nach dem guten Futter einen sehr zufriedenen Eindruck.

»Habt ihr sie auch noch nicht wieder aus der Nähe gesehen?« fragte Klaus ungläubig.

»Nein, du hast Sara doch selbst gesagt, das Tier dürfe sich nur an sie gewöhnen«, sagte Sven vorwurfsvoll.

Klaus lachte. »Stimmt schon, aber ich hatte kaum zu hoffen gewagt, daß ihr eure Neugier zügeln könnt. Na, dann wollen wir mal.« Er nahm seine Arzttasche und ging zum Zwinger.

Gespannt beobachtete Sara zugleich Klaus und das Verhalten der Kätzin. Auch bei dieser war die Anspannung nicht zu übersehen. Sie verfolgte jeden Schritt mit Augen und Ohren. Als Klaus bis auf dreißig Schritte herangekommen war, erhob sie sich und verschwand in der Schlafkiste.

Sara war enttäuscht. Doch noch war nicht alles verloren. Vielleicht würde sie sich ja in der Schlafkiste untersuchen lassen.

Vorsichtig betrat Klaus den Zwinger. »Hallo, Sara, ich fürchte, sie mag nur dich«, sagte er leise.

»Ich weiß nicht, komm, schauen wir in die Kiste.«

Langsam und behutsam klappte Sara den Deckel hoch und schaute wie jeden Tag zu den Kleinen hinein. Die Kätzin verhielt sich zwar gespannter als sonst, blieb jedoch ruhig. Dann beugte sich Klaus darüber, und vorbei war es mit der Ruhe. Knurrend und fauchend zog sich das Tier in sich zusammen.

Klaus und Sara zuckten unwillkürlich zurück. Beide fürchteten, die Wildkatze würde ihnen im nächsten Augenblick ins Gesicht springen.

»Wie ist das möglich?« fragte Sara. Sie war den Tränen nahe.

»Das ist ganz einfach: Eine Wildkatze ist ein sehr scheues Wildtier. Wenn es mit Menschen in Kontakt kommt, fühlt es sich in die Enge getrieben und greift an. Diese Kätzin hier hat bisher nichts Gutes vom Menschen erfahren, außer von dir. Du hast dich stundenlang jeden Tag mit ihr beschäftigt. Sie hat gemerkt, daß sie von dir bestes Futter bekommt, daß du ihr nichts tust. Sie hat erkannt, daß du, aber eben nur du, kein Feind für sie bist, sondern sie einen Nutzen hat, wenn sie zu dir kommt.«

»Aber du hast ihr doch auch geholfen, indem du sie verarztet hast«, wandte Sara ein.

»Das ist zwar richtig, aber als ich ihr geholfen habe, mußte ich es mit Gewalt tun. Sie hat ziemliche Schmerzen dabei gehabt. Natürlich konnte sie nicht erkennen, daß dies nur zu ihrem Besten war.«

»Ach so, und nun meint sie, wenn sie dich wiedersieht, du wirst ihr wieder weh tun. Weil es das einzige ist, was sie sich von dir gemerkt hat.« Sara nickte verständnisvoll. »Das ist ja blöd. Und was machen wir jetzt?«

»Vielleicht denkt sie nicht mal an den Schmerz, den ich ihr zugefügt habe, sondern wehrt sich nur instinktiv gegen alle anderen Menschen außer dir. Was wir nun machen? Das weiß ich auch nicht. Hätte sie keine Jungen, dann würde ich sie betäuben. Aber für die Jungen ist das zu gefährlich. Sie sind noch zu klein.«

»Laß doch Sara die Kätzin untersuchen!« rief Sven von draußen in den Zwinger. Er war mit seinen Eltern leise bis zur Umzäunung gekommen und hatte alles genau gehört.

»Keine schlechte Idee, Sven«, lobte Klaus.

»Meinst du denn, ich kann das?« fragte Sara etwas unsicher, aber doch mit Stolz in der Stimme.

»Du kennst dich so gut mit Tieren aus, daß ich da gar keine Sorge habe. Ich erkläre dir genau, worauf du zu achten hast«, beruhigte Klaus sie.

Sara faßte Mut und beugte sich behutsam wieder über die Kiste. Doch was war das? Erschreckt fuhr sie zurück. Auch sie wurde jetzt angefaucht!

»Und nun?« fragte sie hilflos.

»Los, alle weg hier, du auch, Klaus!« kommandierte Achim, der die Situation erfaßt hatte. »Die Kätzin hört uns genau. Sie spürt, daß alles nicht so ist wie sonst, wenn Sara allein bei ihr ist. Wir müssen hier verschwinden, sonst beruhigt sie sich überhaupt nicht mehr«, erklärte er.

»Du hast völlig recht, aber wie soll ich dann Sara Anweisungen geben und hören, was sie feststellt?« fragte Klaus.

»Das ist kein Problem.« Sven hatte wieder einen seiner praktischen Einfälle. »Ich hole einfach Achims Funksprechgeräte. Das eine hat sogar einen Kopfhörer, und man braucht nicht zwischen Senden und Empfangen hin und her zu schalten.« Er sauste schon los, um die Geräte zu holen, während die anderen langsam zum Forsthaus zurückkehrten.

Sara befestigte das Gerät am Gürtel ihrer Jeans und steckte sich den Ohrstöpsel ins Ohr.

»Macht lieber erst eine Probe«, schlug Achim vor.

Sara ging in die andere Gartenecke.

»Hallo, Sara, hörst du mich?« rief Klaus in das Funkgerät. »Antworte bitte in normaler Lautstärke. Am besten sprichst du so, wie du sonst bei der Kätzin redest. Dann merken wir gleich, ob ich dich verstehen kann, wenn du bei ihr bist.«

»Ich kann dich sehr gut hören«, sagte Sara leise. »Wir steht es bei dir?«

»Alles okay. Du kannst rübergehen und anfangen«, antwortete Klaus.

Sara ging zum Zwinger. Vorsichtig glitt sie hinein und sprach beruhigend auf die Kätzin ein. Nun, mit Sara allein, fauchte oder knurrte das Tier nicht.

»So, Klaus, was soll ich zuerst machen?« fragte Sara nach einer Weile. »Die Kätzin liegt so in der Kiste, daß ich nur an das weniger schlimme Bein komme.« Sara sprach in dem gleichen beruhigenden Tonfall wie mit dem Tier.

»Du nimmst aus meiner Tasche die kleine, vorn abgerundete Schere, schiebst sie unter den Verband und siehst dir die Wunde an.« Klaus war gespannt, ob die Fernuntersuchung klappen würde.

»Augenblick. So, die Schere habe ich, es geht los. Ganz ruhig, meine kleine Wildkatze, ich tue dir nichts, du brauchst keine Angst zu haben.« Sara sprach immer weiter, während sie sich langsam mit der Schere dem Bein der Kätzin näherte. Tatsächlich gelang es ihr, unter den Verband zu fahren und ihn aufzuschneiden. Zwar blickte die Kätzin sie etwas argwöhnisch an, doch es passierte nichts.

»Ich habe den Verband ab, Klaus!« verkündete sie. Es fiel ihr schwer, den Triumph zu unterdrükken und den gleichförmigen Tonfall beizubehalten.

»Sehr gut«, lobte Klaus. »Wie sieht die Wunde aus? Ist normaler Schorf darauf oder ist sie feucht, gelblich und an den Rändern rot geschwollen?«

»Davon kann ich nichts sehen. Die Wunde scheint schon fast verheilt zu sein. Sie ist auch nicht geschwollen oder heiß«, berichtete Sara, während sie die Hinterpfote der Kätzin betastete.

»Sag bloß, die läßt sich von dir abtasten!« rief Klaus ungläubig.

Sara mußte lachen. »Doch, genau das tut sie.«

»Das eine Bein ist also in Ordnung. Nun das andere«, drängte Klaus. Er fürchtete, daß die Stimmung der Kätzin umschlagen könnte.

»Das ist nicht so einfach. Sie liegt ja auf dem Bein«, erwiderte Sara.

»Dann mußt du versuchen, sie umzudrehen oder sie zum Aufstehen veranlassen.«

Sara versuchte es, doch das gefiel dem Tier offenbar gar nicht. Es öffnete den Fang, zeigte die spitzen Reißzähne und schnappte leicht nach Sara. Schnell zog sie die Hand zurück und holte vorsichtig die leere Fleischtüte aus ihrer Hosentasche. Das war genau das richtige. Kaum war der Katze der Geruch in die Nase gestiegen, als sie schon aufstand und zum Eingang lief. Die Kleinen fielen einfach von den Zitzen der Mutter ab und fiepten leise.

»Prima, du hast sie ja draußen«, lobte Klaus, der den Zwinger mit dem Feldstecher beobachtete. »An dem gebrochenen Bein kannst du nicht viel machen. Du mußt nur nachsehen, ob der Verband noch richtig sitzt. Soweit ich das von hier sehen kann, ist es okay. Schau aber bitte nach, ob sich am Rand des Verbandes Eiter oder Nässe zeigt. Wenn du kannst, faß das Bein auch an und fühle, ob die Pfote extrem heiß oder kalt ist.«

»Wird gemacht, Herr Chefarzt.« Kurz darauf erklärte Sara: »Es handelt sich um eine Musterpatientin. Das Bein ist weder zu heiß noch zu kalt. Keine Nässe am Verband. Sie kann das Bein auch bewegen. Aber beim Auftreten scheint es ihr noch weh zu tun. Sie läuft auf drei Beinen.«

»Besten Dank, Frau Assistentin. Damit wäre die Untersuchung abgeschlossen. Du kannst rauskommen. Vergiß bitte die Tasche nicht, sonst ist sie nachher zerfetzt.«

Erleichtert strich Sara der Kätzin über den Rükken, schaute noch einmal zu den noch blinden Jungen hinein, nahm die Arzttasche und schob sich langsam aus dem Zwinger.

Die Wildkatzenkinder zeigen sich

Auch in der folgenden Zeit ging Sara täglich für einige Stunden zu »ihrer« Kätzin. Sie mußte ja zutraulich bleiben, damit man sie noch einmal untersuchen konnte. Außerdem war es eine einmalige Gelegenheit, die Entwicklung der Jungen zu beobachten. Nach einigen Tagen ließ es die Mutter sogar zu, daß Sara eines der Kleinen aus dem Nest nahm und genau betrachtete. Doch wenn es anfing, jämmerlich zu miauen, blickte die Kätzin Sara vorwurfsvoll an und gab ein leises, fast stotternd klingendes Miau von sich.

Es war der neunte Lebenstag der Jungen. Das erste hatte gerade die Augen geöffnet. Aus noch trüb-milchigblauen Augen schaute es Sara an. Noch wußte es offenbar mit all dem, was es sah, nichts anzufangen.

Aber schon die nächsten drei Tage brachten eine gewaltige Veränderung im Verhalten der Jungen mit sich: Inzwischen hatten alle fünf die Augen geöffnet, und ihr Blick war klarer und schärfer geworden.

Jetzt nahmen die Kleinen jede Gelegenheit wahr, zu spielen, herumzukugeln und sich mit den anderen zu balgen, bis entweder die Mutter kam, um für Ruhe und Ordnung zu sorgen, oder alle Mitspieler vor Erschöpfung einschliefen. Wenn es warm war in der Schlafkiste, blieben die Kleinen einfach dort liegen, wo sie gerade waren. Froren sie, kuschelten sie sich zu einem wilden Knäuel zusammen. Dann hatte man Mühe zu erkennen, welche Beine und welcher Schwanz zu welcher Katze gehörten.

»Ich finde, die Wildkatzenkinder sehen genauso aus wie Minkas Kinder. Nur sind bei diesem Wurf alle Kätzchen gleich gefärbt«, erzählte Sara beim Abendessen.

»Haben sie wirklich genau die gleiche Fellzeichnung?« erkundigte sich Sven.

Er hatte inzwischen die Enttäuschung überwunden, daß er nicht in den Wildkatzenzwinger durfte. Statt dessen kümmerte er sich um Minka und ihre Jungen. Sorgen machte ihm nur, wo man Minkas Kinder unterbringen sollte, wenn sie groß genug waren. Das buntgescheckte wollte sein Freund nehmen, das war schon besprochen. Aber wer in der Umgebung würde eine kleine Katze aufnehmen, die wie ein Wildkatze aussah? Viele Bauern hielten Wildkatzen ja immer noch für gefährliche Räuber.

Erkennungsmerkmale

Die Wildkatze ähnelt einer getigerten Hauskatze, doch ihre Zeichnung wirkt immer wie verwaschen. Das Fell, häufig gelblichbraun, aber auch grau, ist wesentlich länger als das der Hauskatzen. Die Unterseite ist meist weiß. Der schwarzgeringelte Schwanz ist viel buschiger als bei Hauskatzen und hat im Gegensatz zu deren Schwanz immer ein stumpfes Ende. Der Nasenspiegel ist stets fleischfarben und trägt einen schwarzen Rand.

Die Körpermaße:

Kuder: Kopfrumpflänge 52 bis 65 cm

Kätzin: Kopfrumpflänge 48 bis 57 cm

Die ausgewachsenen Männchen wiegen zwischen 5 kg und 7,7 kg, Weibchen nur 3,5 bis maximal 5 kg. Die Schwanzlänge liegt je nach Größe der Tiere zwischen 28 und 33 cm. Die Augen sind von gelbgrüner bis grüngelber Farbe und haben senkrecht stehende Pupillen.

»Ist die Fellzeichnung der Blendlinge tatsächlich sehr deutlich? Ich meine, ist das Grau vom Schwarz viel deutlicher abgesetzt als bei der Mutter?« wollte jetzt auch Achim wissen.

Sara nickte. »Das Fell der Kätzin sieht wie verwaschen aus. Die schwarzen Bänder und Muster gehen einfach in die graubraune Farbe über.«

»Das hast du gut beobachtet«, lobte Achim. »Es ist eines der Haupterkennungsmerkmale einer Wildkatze: Ihre Zeichnung sieht etwas verwaschen aus. Bei den meisten Blendlingen ist das nicht der Fall.«

»Stimmt. Die Jungen haben eine viel deutlichere Zeichnung«, bestätigte Sara.

»Ich habe gelesen, das soll an der Länge des Haarkleides der Jungen liegen«, warf Sven ein. »Weil die Haare noch so kurz sind, zeichnen sich die Farben besser voneinander ab.«

»Das ist richtig und erklärt zum Teil auch, daß Wildkatzen eben meist verwaschenere Zeichnungen haben als Hauskatzen. Das Fell der Hauskatze ist sehr viel kürzer als das der Wildkatze, und Blendlinge liegen mit ihrer Fellänge ungefähr dazwischen«, erklärte Achim.

»Minkas Kinder haben spitze Schwänze«, berichtete Sven. »Daran sieht man, daß sie doch keine echten Wildkatzen sind.«

Aber Sara hatte beobachtet, daß auch die echten Blendlinge noch spitze Schwänze hatten. Erst wenn sie heranwuchsen, würden die Schwänze so dick und buschig sein wie der ihrer Mutter.

»Was machen wir überhaupt mit ihnen, wenn sie größer werden? Ich meine, wenn sie so groß sind, daß sie die Mutter nicht mehr brauchen?« wollte Sven wissen.

»So lange dürfen wir sie keinesfalls behalten«, antwortete Achim. »Ich hoffe ja, daß sich das Bein der Mutter spätestens in vier Wochen so erholt hat, daß der Verband runter kann. Danach braucht sie noch eine Weile, um die Muskeln zu trainieren. Dann muß sie mit ihren Jungen in den Wald zurück.«

Sara biß sich auf die Unterlippe. An den Abschied mochte sie gar nicht denken.

»So ist das, und du weißt es selber. Wir können und dürfen sie nicht behalten«, sagte Achim bestimmt.

Sara nickte nur. Natürlich wußte sie das. Es war das beste für ihre Pfleglinge, wieder in ihrer natürlichen Umgebung zu leben. Trotzdem war sie traurig bei dem Gedanken, sich von ihnen zu trennen.

»Vielleicht kannst du sie im Wald besuchen«, tröstete Sven. »Oder die Kätzin kommt hierher.«

Saras Augen leuchteten auf, doch dann schüttelte sie den Kopf. »Wenn sie wieder frei ist, will sie bestimmt nichts mehr von mir wissen, und ihre Jungen erst recht nicht.«

»Wer weiß...« Achim hob die Schultern. »Da sie so unwahrscheinlich schnell Vertrauen zu dir gefaßt hat, wäre es schon möglich, daß sie auch in der Freiheit noch den Kontakt zu dir duldet. Gut ist, daß sie wirklich nur dich an sich heranläßt und sonst niemanden. Ihre natürliche Scheu vor Menschen muß sie unbedingt behalten. Sonst würde sie unter Umständen zu Spaziergängern kommen. Und die könnten denken, das Tier sei tollwütig. Oder ein Jäger hält sie für eine streunende Hauskatze und schießt sie ab.«

Sara beschloß, in der nächsten Zeit so oft wie möglich im Zwinger zu sein, um bis zum Abschied möglichst viel zu beobachten.

Die Jungen entwickelten sich prächtig. Nachdem sie die Augen geöffnet hatten, gab es fast keinen Augenblick Ruhe mehr in der Kiste. Nur wenn sie hungrig waren, lagen sie friedlich und einträchtig nebeneinander am Bauch der Mutter und saugten.

Zuerst trauten sie sich nicht aus der Kiste heraus. Manchmal spähten sie vorsichtig durch die Öffnung, zogen aber schnell die Köpfe wieder ein, wenn sich draußen etwas bewegte. Erst nach einigen Wochen war die Furcht vergessen. Sie kletterten und hangelten am Eingang herum und hatten an der Holzkiste die beste Gelegenheit, ihre nadelspitzen scharfen Krallen auszuprobieren. Leicht war es für sie, auf die Kiste zu klettern. Doch wie sollten sie wieder hinunterkommen? Ein erbärmliches Miauen drang bis zum Forsthaus herüber. Sara, die gerade Irene im Garten half, sauste zum Zwinger. Auf der Kiste stand ein Katzenkind auf seinen leicht krummen Beinen. Es hatte den Schwanz aufgestellt und schrie, daß man seine Zähne und die rosa Zunge sehen konnte.

Unten vor der Kiste stand die Kätzin. Normalerweise hätte sie das Junge mit ihrem Fang gepackt und heruntergeholt. Das Kleine wäre in Tragstarre verfallen und hätte so der Mutter die Aktion erleichtert. Doch mit ihrem verbundenen Bein traute sie sich eine solche Kletteraktion nicht zu.

Sara ging in den Zwinger und setzte das Junge wieder zu Boden. Eilig lief es zu seiner Mutter, ließ sich ablecken und trank zur Beruhigung einen Schluck Milch.

Dieses Spiel wiederholte sich nun so oft, daß Sara schon fast am Verzweifeln war. Da hatte Sven wieder einmal eine seiner erstaunlich einfachen Ideen: Er holte dicke, knorrige Äste, und Sara legte sie schräg in die Kiste. So konnten die Jungen bequem rauf und runter klettern.

Sara verging bei ihren Beobachtungen die Zeit so schnell, daß sie erschrak, als Achim eines Abends zu ihr sagte: »Sara, morgen kommt Klaus. Du sollst den Verband abnehmen. Der Bruch müßte verheilt sein.«

»Und wie lange darf die Kätzin dann noch bleiben?« fragte Sara.

»Das kommt darauf an, wie schnell sie das Bein wieder voll gebrauchen kann. Selbst wenn der Bruch verheilt ist, sind die Muskeln jetzt so schlaff und unbeweglich, daß sie erst wieder lernen muß, sie richtig zu gebrauchen. Aber viel länger als sechs Wochen sollte sie wegen der Jungen nicht hierbleiben. Die gewöhnen sich sonst noch mehr an Menschen.«

Sara war zwar ein wenig traurig, andererseits freute sie sich aber auch für ihre Schützlinge. Die Freiheit im Wald war nun mal das schönere und gesündere für Wildkatzen.

Am nächsten Tag erklärte Klaus seiner Assistentin, wie sie den Verband entfernen sollte.

»Wenn du ihn abgenommen hast, taste das Bein ab. Wenn der Knochen gut verheilt ist, fühlst du nichts. Wenn er schlecht zusammengewachsen ist, merkst du das, weil sich dann Knubbel oder Verwachsungen bilden. Ich möchte es nur wissen – tun kann ich jetzt nichts mehr.«

Das Funkgerät brauchten sie heute nicht, denn

Sara hatte ja genaue Anweisungen. Bereits nach wenigen Minuten war sie zurück.

»Da sind Verband und Schere. Der Knochen scheint gut verheilt zu sein. Ich glaube, die Kätzin hatte ein riesengroßes Glück im Unglück.«

»Das hast du sehr gut gemacht«, lobte Klaus.

»Kann die Kätzin ihr gebrochenes Bein jetzt gebrauchen?« wollte Sven wissen.

»Sie hat es zwar schon aufgesetzt und bewegt, aber es sieht noch etwas steif aus.«

»Das wird sich bald geben«, versicherte Klaus. »Bald kann sie wieder für sich selbst sorgen. Habt ihr im Wald schon ein Nest für sie und ihre Jungen gefunden?«

»Nein, aber...« begann Sara zögernd.

»Wir haben eins«, unterbrach sie Sven. »Während Sara stundenlang im Zwinger war, bin ich auf die Suche gegangen.«

»Und natürlich hast du gleich eine geeignete Höhle für die Kätzin mit ihren fünf Jungen gefunden, was?«

Sara traute ihrem kleinen Bruder nicht zu, alle wichtigen Punkte bedacht zu haben. Die Höhle mußte im Wald sein, geschützt vor Menschen. Und die Kätzin mußte in der Umgebung genug Beute fangen können.

»Ich habe gelesen, daß Wildkatzen sich manchmal auch in alten Heuschobern oder Jagdhütten einquartieren. Besonders, wenn sie Junge haben. Der alte Schuppen in der Nähe der Bärenhöhle müßte geeignet sein. Er steht direkt an der großen Lichtung. Dort gibt es viele Büsche zum Verstekken. Sogar Felsen sind da und ein kleiner Teich. Ein Bach fließt auch durch. Und das beste ist: Der Heuschober gehört Herrn Jorks. Er muß es einfach erlauben! Sozusagen als Buße.«

Achim nickte anerkennend. Und sogar Sara war einverstanden mit dem Vorschlag.

»Zuerst werden wir der Kätzin Futter hinstellen«, sagte Achim. »Und zwar von Tag zu Tag weniger. Dann wird sie sich schnell wieder an die Selbstversorgung gewöhnen.«

Gleich am nächsten Morgen rief Achim Herrn Jorks an und erzählte ihm von dem Vorhaben. Er stimmte sofort zu. Den Schuppen nutzte er sowieso nicht mehr. Und er war dem Förster immer noch dankbar, daß der keine Anzeige erstattet hatte.

Am Nachmittag fuhren Sara und Sven mit ihren Rädern zur Bärenhöhle, um den Schober gemeinsam anzusehen. Er war großartig geeignet, denn es lag noch eine Menge altes Heu darin, so daß sich

Verbreitungsgebiete

Die Europäische Wildkatze war ursprünglich von Spanien bis zum Kaukasus in Rußland verbreitet. In Skandinavien, Island und Irland kommt sie nicht vor. Ihr Bestand ist jedoch in den letzten 150 Jahren so stark zurückgegangen, daß sie in manchen mitteleuropäischen Ländern gar nicht mehr oder nur noch an wenigen Stellen (»inselartig«) beheimatet ist.
Verbreitungsgebiete in Deutschland: Eifel, Hunsrück, Taunus, Pfälzer Wald, Fichtelgebirge, Rhön, Knüllgebirge, Harz, Thüringer Wald.
In fast allen dieser Gebiete gibt es aber nur noch wenige Exemplare. Man nimmt an, daß im Harz noch die meisten Wildkatzen leben, das gesamte Gebiet ist von ihnen besiedelt. Auch im Thüringer Wald sind sie noch recht häufig verbreitet.

Höhlen und Spalten bildeten. Durch die schadhafte Bretterwand gab es auch Ein- und Ausgänge.

»Hier werden sie sich wohl fühlen«, sagte Sara auf dem Heimweg zu ihrem Bruder. »Und Minkas Kinder bleiben ja wenigstens noch eine Weile bei uns«, tröstete sie sich selbst.

Inzwischen wußten die Kinder, daß Minkas Blendlinge ihre Zukunft sozusagen selbst in die Hand nehmen würden. Achim hatte in der Wildkatzenaufzuchtstation Wiesenfelden angerufen. Er wollte wissen, ob man verhindern müsse, daß die Mischlinge eines Tages im Wald verschwanden und sich in einem der Wildkatzenbiotope ansiedelten.

»Im Gegenteil«, war die Antwort gewesen. »Je mehr Wildkatzen wieder in unseren Wäldern leben, desto besser. Wahrscheinlich haben sich auch schon seit Jahrhunderten viele Wildkatzen mit Hauskatzen vermischt.«

Außerdem würden sich die Blendlinge ohnehin nicht halten lassen, hatte der Leiter der Aufzuchtstation gesagt. Mit sieben bis acht Monaten seien sie selbständig und würden dann auch von der Mutter vertrieben. Man habe die Erfahrung gemacht, daß sich auch von Hand aufgezogene Tiere bestens in der Freiheit zurechtfanden. Man solle die Jungen so weit wie möglich in Ruhe lassen, damit sie sich nicht zu sehr an Menschen gewöhnten.

Abschiednehmen fällt schwer

Heute war es soweit. Es galt Abschied zu nehmen von der Kätzin und ihren Kindern. Ihr Bein war in den letzten Tagen wieder voll gebrauchsfähig geworden. Es gab also keinen Grund, sie noch länger im Zwinger eingesperrt zu halten.

Sara hatte an den Eingang der Schlafkiste eine hölzerne Verschlußkappe geschraubt, die sie jetzt zumachte. Schweren Herzens setzte sie erst die Kätzin in die Kiste, dann ein Junges nach dem anderen. Als das letzte drin war, schloß sie die Riegel am Dach und am Eingang.

»Ihr könnt kommen«, rief sie Achim, Irene und Sven zu.

Irene hatte in den letzten Tagen eine Menge Fotos von den Katzenkindern gemacht. Auch die Mutter hatte sie zweimal fotografieren können. Natürlich nur von außerhalb des Zwingers. Jetzt fuhr sie den Geländewagen rückwärts an die Tür des Zwingers heran und öffnete die Ladeklappe.

»Na, dann wollen wir mal die Familie aufladen«, sagte Achim.

Die Kiste war nicht schwer, aber unhandlich. Doch sie paßte gut auf die Ladefläche des Wagens.

Die Bärenhöhle war nicht weit vom Forsthaus entfernt. Sara wunderte sich insgeheim, daß sie bei ihrer ersten Wildkatzensuche nicht darauf gekommen war, dort nach einem Wildkater, einem Kuder, zu suchen. Vielleicht fiel ihr aber auch erst jetzt auf, daß dort ein ideales Wildkatzenbiotop war.

Schon nach zehn Minuten Fahrt erreichten sie den Heuschober. Rückwärts fuhr Irene an den Eingang.

»Bevor wir die Kiste hineinbringen, wollen wir uns einen Beobachtungsplatz einrichten«, schlug Achim vor.

»Die Felsen da drüben sind prima geeignet.« Sven hatte an alles gedacht und zeigte auf einige flache Steine. »Von dort aus kann man direkt in den Schober schauen, wenn die Tür offen ist.«

»Nun laßt uns aber endlich die Katzen abladen«, drängelte Sara. Ihr tat es leid, daß sie in der engen Holzkiste sitzen mußten. Auf der Fahrt waren sie bestimmt ganz schön durchgeschüttelt worden.

»Jawohl, es geht los«, rief Achim und öffnete die Ladeklappe des Wagens.

Wieder packten alle an und trugen die Kiste gemeinsam in den Schober.

»Stellt sie dort ab«, wies Achim sie an. »Mit der Öffnung zur Tür, damit wir sehen können, was sie machen, wenn Sara die Eingangsklappe entfernt hat.«

Als die Kiste richtig stand, fuhr Irene den Geländewagen ein Stück weg, dann setzte sie sich zu den anderen auf die Steine, um mit dem Feldstecher das Geschehen im Heuschober beobachten zu können.

Sara setzte sich ins Heu neben die Kiste und sprach wie sonst zu den Wildkatzen. Die Kätzin maunzte leise. Vermutlich war es ihr unheimlich, daß die Schlafkiste plötzlich verschlossen war und sie nicht hinaus zu Sara konnte, die auf sie einredete.

»Paß mal auf, jetzt mache ich die Tür hier auf. Erschrick bitte nicht. Ich bin ja noch da!«

Langsam öffnete Sara die Tür. Schon zwängte die Kätzin ihren Kopf hindurch und stutzte. Natürlich erkannte sie sofort, daß sie in einer neuen Umgebung war. Ihre Ohren waren gespitzt. Interessiert und aufmerksam schaute sie sich um. Hinter ihr drängelten offenbar die Jungen, denn man sah, wie sie ab und zu einen Puff bekam.

Sara redete weiter auf sie ein, und allmählich schien sie sich zu beruhigen. Dann kam sie heraus und rieb den Kopf an Saras Knie. An der hin- und herzuckenden Schwanzspitze konnte man noch gut ihre Erregung erkennen.

Kaum hatte die Kätzin die Schlafkiste verlassen, kamen auch die Jungen herausgekugelt. Vor Freude über die wiedergewonnene Freiheit machten sie ein paar wilde Sprünge – dann stutzten sie und hielten inne. Sie berochen das Heu, und eines der Kleinen fauchte sogar. Mit gesträubtem Fell und aufgestelltem Schwanz stolzierten sie herum, als wollten sie ein Rudel Wolfshunde in die Flucht schlagen.

Als sie jedoch am Verhalten der Mutter merkten, daß keine Gefahr drohte, beruhigten sie sich und begannen, neugierig die Umgebung zu erkunden. Im Heu und zwischen den alten Balken gab es einzelne Höhlungen, Spalten und Ritzen, in die man schauen, mit der Pfote hineinangeln oder gar selbst darin verschwinden konnte.

Sara gab der Kätzin noch einmal ihr Lieblingsfutter, rohes Tatar, und füllte einen Futternapf. Als die Kätzin mit dem Säugen der Jungen beschäftigt war, zog sie sich langsam zurück. Eine Weile konnte sie die Tiere noch beobachten, dann verschwanden sie nach und nach aus dem Blickfeld.

Nach einer Weile beschloß Sara, vorsichtig in den Schober zu sehen. Leise ging sie an die Tür, sah aber nicht eine einzige Katze. Wo sie nur stecken mochten?

Leise redend und lockend ging sie in das Halbdunkel des Heuschobers. »Kätzin, wo bist du, komm her, komm«, rief sie. Und tatsächlich, nach wenigen Rufen kam die Kätzin aus dem Heu hervor. Ein schönes, verstecktes Plätzchen hatte sie sich ausgesucht. Offensichtlich hatten sie den Heuschober als neues Nest anerkannt. Natürlich freute sich Sara, daß die Kätzin trotz ihrer wiedererlangten Freiheit zu ihr gekommen war.

»Viel Glück für euer Leben im Wald«, sagte sie leise und wandte sich zum Gehen.

Die Kätzin folgte ihr nicht wie sonst. Sie blieb stehen und schaute ihr nach.

Sara zog die Tür hinter sich zu. Sie merkte, daß ihr die Tränen kamen.

»Wir können fahren«, sagte sie zu Achim. »Sie haben ihr neues Zuhause offenbar schon voll erobert. Es ist besser, wir lassen sie jetzt in Ruhe.«

Achim nahm sie in den Arm. »Du hast recht. Wir wollen schnell abfahren, es ist besser so.« Er hatte sehr gut bemerkt, wie schwer ihr der Abschied fiel.

Auf dem Heimweg sagte er: »Weißt du, Sara, du kannst ruhig hin und wieder hingehen. Es wäre sogar interessant zu wissen, ob sich die Wildkatzen so an dich gewöhnt haben, daß sie sogar in Freiheit noch zu dir kommen. Du könntest dann aus deinen Beobachtungen im Zwinger und den Freilandbeobachtungen einen kleinen Bericht machen. Vielleicht wird er zusammen mit Irenes Fotos sogar veröffentlicht. Es gibt wenig Material über Wildkatzen.«

»Meinst du wirklich, ich soll es versuchen?« fragte sie hoffnungsvoll. Dabei dachte sie weniger an den Bericht. Es war nicht so wichtig, ob ihre Beobachtungen veröffentlicht wurden. Wenn nur die Kätzin auch in der Freiheit noch zu ihr kam!

»Warum nicht, versuchen kannst du es schon. Ich habe mal gelesen, daß ein Tierforscher einen Fuchs, den er aufgezogen hatte, noch in der Freiheit beobachten konnte. Er hatte Vertrauen zu ihm – genau wie deine Kätzin zu dir«, erzählte Irene.

Sara freute sich. »Gleich morgen fahre ich mit dem Rad hin. Ich nehme ihr Lieblingsfutter mit. Vielleicht kommt sie, wenn sie mich hört und das Tatar riecht.«

Am nächsten Tag, zur gleichen Zeit wie sonst, direkt nach dem Mittagessen, schwang sich Sara aufs Rad und fuhr in den Wald zur Bärenhöhle. Ein Stück vom Heuschober entfernt stellte sie ihr Rad an einen Baum und ging zu Fuß weiter.

Vorsichtig näherte sie sich dem Heuschober und umrundete ihn. Nichts war zu sehen. Ob die Katzen ihr neues Zuhause verlassen hatten?

Leise öffnete Sara die Tür und spähte hinein. Es raschelte, aber in dem Halbdunkel konnte sie nichts erkennen. Langsam ging sie zu der Schlafkiste aus dem Zwinger und redete dabei leise vor sich hin. Alles blieb ruhig. Sara öffnete den Deckel der Schlafkiste. Sie war leer!

Enttäuscht setzte sie sich ins Heu und fing leise an zu rufen und mit dem Papier zu knistern, in dem das Tatar eingewickelt war. Da plötzlich stand die Kätzin direkt neben ihr.

»Ja, da bist du ja. Und wo sind deine fünf Kinder geblieben? Sind sie draußen, oder haben sie sich im Heu versteckt?« Sara streckte die Hand aus und strich der Kätzin sachte über Kopf und Rücken.

»Hier, ich habe dir Tatar mitgebracht.« Sie wikkelte das Päckchen aus. Gierig und mit offenkundigem Genuß – sie schnurrte während des Fressens – fraß die Kätzin ihr das saftige Fleisch aus der Hand.

Verfolgung und Ausrottung

Seit über 300 000 Jahren lebt die Wildkatze in den Wäldern Mitteleuropas. Noch vor 200 Jahren war sie überall zahlreich vertreten. Nach jahrhundertelanger Verfolgung ist sie nun vom Aussterben bedroht.

Genau wie der Bär, der Wolf und der Luchs wurde sie von den Jägern als gefährliche Rivalin um das Wild betrachtet. Man glaubte, daß sie mit Vorliebe Hasen, Fasanen, Rebhühner und junge Rehe jagte. Und man sagte ihr nach, sie würde sogar Menschen anfallen und töten.

Dazu kam der Aberglaube: Katzen galten lange Zeit als verwandelte Hexen, die man unschädlich machen mußte. Die Jäger ließen sich sogar ihre Gewehre zum Schutz vor dem Zauber mit Weihwasser besprengen. Aus den erlegten Tieren wurde ein Fett gewonnen, das man für heilkräftig hielt und das auch als Brennöl verwendet wurde. So wurden die Wildkatzen in vielen Gebieten völlig ausgerottet.

Heute sind die Wildkatzen streng geschützt. Trotzdem fallen sie noch immer Jägern zum Opfer, die sie mit streunenden Hauskatzen verwechseln. Und für die wenigen Tiere, die übrigblieben, wird das Leben immer schwerer: Menschliche Siedlungen, Straßenbau und intensive Forst- und Landwirtschaft engen ihre Lebensräume ein, und Ausflügler stören sie in ihren Rückzugsgebieten auf.

Ganz plötzlich raschelte es im Heu. Sara zuckte zusammen. Zwei Katzenkinder kamen angesprungen und drängten sich an die Mutter. Die bedachte das erste mit einem unwilligen Tatzenhieb, der bedeuten mochte: Jetzt will ich nicht gestört werden, und von diesem Futter bekommt ihr nichts ab.

Etwas verdutzt blieb das Junge stehen und schüttelte den Kopf. Auch das andere blieb der Mutter fern und betrachtete sie aufmerksam.

Wieder raschelte es im Heu, und die drei anderen Katzenkinder kamen hervor. Die Mutter, die gerade den letzten Bissen verschlang, schnurrte nicht mehr. Ein dumpfes Knurren drang tief aus ihrer Kehle. Doch kaum hatte sie aufgefressen, lief sie zu ihren Jungen und leckte jedem einmal über den Rücken, als wollte sie sagen: Ich hab's nicht so gemeint, ist wieder gut.

Sara mußte grinsen. Fast wie in Menschenfamilien, dachte sie. Wenn Kinder die Eltern stören, reagieren die auch manchmal unwillig. Gemeint ist es meist nicht böse.

Auch in den nächsten Wochen fuhr Sara täglich zum Heuschober, um die Kätzin mit ihren Jungen zu beobachten. Sie machte Notizen über die Entwicklungsschritte der Jungen.

Kam sie mal wesentlich später oder erst gegen Abend, konnte es vorkommen, daß die Kätzin oder sogar die ganze Katzenfamilie nicht daheim war. Sie waren dann auf Jagd, und Sara erlebte sogar mit, wie die Beute heimgetragen wurde.

Wochen vergingen, und es gab in dieser Zeit fast keinen Tag, an dem Sara nicht bei den Wildkatzen gewesen wäre. Nach wie vor waren sie zu Sara so zutraulich wie im Zwinger, ließen sich füttern, streicheln und beobachten. Doch wehe, es kamen einmal Sven oder Achim mit! Dann war nicht ein einziger Katzenschwanz zu sehen. Wo sie stecken mochten und wie sie gemerkt hatten, daß Sara nicht allein war, blieb den dreien verborgen.

Im Herbst machten sich dann, wie erwartet, Minkas Kinder eins nach dem anderen selbständig.

Schon vorher hatten die Kinder sie kaum noch zu Gesicht bekommen, denn sie versteckten sich bereits nach bester Wildkatzenart. Nur am Futter, das Sven ihnen regelmäßig hinstellte, merkte man, daß sie noch da waren. Aber schließlich blieb es fast unberührt stehen, und Minka ließ sich wieder häufig im Haus sehen.

Sven streifte vergebens durch den Wald. Er konnte keine Spur von den Jungen entdecken.

Sara besuchte noch immer ihre Kätzin im Heuschober, wenn auch nicht mehr ganz so häufig. Sie wollte miterleben, wenn die Jungen die Mutter verließen.

Im September gab es Tage, an denen manchmal nur noch zwei oder drei Junge mit der Kätzin in den Heuschober zurückkehrten. Zuerst hatte sich Sara Sorgen gemacht und gefürchtet, sie könnten von einem Fuchs oder Marder erbeutet worden sein. Doch da am nächsten Tag immer alle wieder da waren, merkte sie, daß die jungen Wildkatzen selbständig wurden.

Schließlich blieben erst zwei, dann vier Junge ganz weg. Nur das kleinste, das schon immer ein wenig schwächer gewesen war als die anderen, blieb fast vier Wochen länger bei der Mutter.

Sara mußte nun endgültig von den Wildkatzen

Abschied nehmen. Sie wollte nicht, daß die Kätzin, die noch immer äußerst zutraulich war, von ihren Besuchen und dem Zusatzfutter abhängig wurde. So ging Sara nur noch selten hin. Zuerst hatte sie manchmal den Eindruck, daß die Kätzin schon auf ihr Kommen wartete. Doch als Saras Besuche unregelmäßiger wurden, zog sich auch die Kätzin zurück und ließ sich manchmal gar nicht sehen. So sollte es ja eigentlich auch sein.

Wildtiere im Winter

Monate vergingen. Der Winter, der erst gar nicht hatte kommen wollen, brach nun Mitte Januar ganz plötzlich über Nacht mit solcher Heftigkeit herein, daß Sara und Sven morgens nicht in die Schule konnten. Alles war so tief verschneit, daß der Schulbus nicht einmal bis zur Landstraße durchkam. Die Straße zum weitab liegenden Forsthaus war so verweht, daß auch der Vater mit seinem kleinen Schneepflug nichts ausrichten konnte. Der örtliche Schneeräumdienst hatte aber in den Ortschaften und auf den Landstraßen so viel zu tun, daß so bald kein Schneepflug zum Forsthaus kommen konnte.

Es half nichts, man mußte Geduld haben. Sara und Sven störte das nicht, sie freuten sich über den zusätzlichen Ferientag.

»Ihr könnt mir mal beim Schneeschippen helfen.« Achim kam in dicken Wintersachen in die Küche, wo seine beiden Kinder noch gemütlich am Frühstückstisch saßen.

»Augenblick, wir müssen uns nur erst richtig

anziehen«, erwiderte Sven und schluckte schnell die letzten Bissen seines Marmeladenbrotes hinunter.

»Ist es kalt?« wollte Sara wissen.

»Ne, dreißig Grad im Schatten«, ulkte Achim und rieb sich die Hände.

»Ach, sag doch mal, Achim, wieviel Grad Kälte es sind.« Sara stand auf, um Anorak und Skihose zu holen.

»Nicht so schlimm – nur minus zehn Grad. Aber es weht ein ziemlich scharfer Wind.« Achim stapfte in seinen dicken Stiefeln wieder hinaus.

»Brauchst du mich auch?« rief ihm Irene nach.

Er drehte sich noch einmal um. »Wir schaffen das schon zu dritt. Geh ruhig in deine Dunkelkammer. Du mußt doch nächste Woche deine Serie ›Vögel im Winter‹ abgeben.«

Irene nickte erleichtert.

Nach wenigen Minuten standen die Kinder draußen im Schnee und arbeiteten sich mit großen Schaufeln voran.

»Zuerst müssen wir die Schuppentür frei machen«, rief ihnen Achim zu.

»Willst du den Schlepper holen?« fragte Sven.

»Ja, ich muß wenigstens so viel räumen, daß ich zur Wildfütterung fahren kann. Bei dem hohen Schnee muß auf jeden Fall Futter da sein.«

»Nimmst du uns mit?« Sara wußte, daß Achim dann auch zu der Futterstelle am Heuschober fahren würde, in dem wahrscheinlich noch immer die Kätzin ihr Quartier hatte.

Achim lachte, denn er hatte sofort begriffen, was Sara wollte. »Klar könnt ihr mit, wenn es euch nicht zu kalt ist. Vier Hände mehr beim Füttern kann ich gut gebrauchen. Und vergiß das Fleisch für die Kätzin nicht, Sara!«

Sara wurde ein bißchen rot. »Du kannst wohl hellsehen?« sagte sie. »Aber ich will nicht nur deshalb mit, wirklich. Ich will auch bei der Fütterung helfen.«

Sven hatte inzwischen die Ausfahrt für den Schlepper frei geschaufelt, so daß Achim ihn nur noch anzuwerfen brauchte. Nun ging die Räumaktion viel schneller, denn mit dem großen Schieber schaffte Achim mindestens fünfmal so viel Schnee weg wie alle drei zusammen, und das in viel kürzerer Zeit. Schon nach einer halben Stunde war der Schnee rund ums Forsthaus geräumt, und es konnte losgehen.

»Der Hänger ist schon beladen«, rief Achim. »Ich fahre zurück, Sven, dann kannst du ankoppeln und die Bremsen lösen.«

Der winterliche Wald schien den Kindern wie verzaubert. Alles sah völlig anders aus. Durch die Last des Schnees hatten sich die Äste der Bäume tief geneigt. Manche Wege sahen wie verwunschene Hohlpfade aus. Große Schneebrocken lösten sich von den Bäumen und schlugen klatschend auf dem Dach des Schleppers auf. Kleinere Bäume waren so zugeschneit, daß man sie kaum noch als Bäume erkennen konnte. Das sonst so laute Geräusch des Dieselmotors wurde vom Schnee gedämpft. Sonst war es ganz still im Wald.

Eine Wildfütterung nach der anderen wurde mit Heu, Futterrüben und Kohl versehen. Endlich, Sara meinte schon, eine Ewigkeit unterwegs zu sein, steuerte Achim den alten Heuschober an.

»Macht ihr die Fütterung alleine?« fragte Sara bittend. »Dann kann ich gleich zur Kätzin.«

»Lauf, wir schaffen das schon«, antwortete Achim.

Als Sara den Heuschober betrat, konnte sie zunächst gar nichts sehen. Nach dem gleißenden Licht der sonnenbeschienenen Schneelandschaft mußten sich ihre Augen an das Dunkel gewöhnen. Erst nach einiger Zeit rief sie leise nach der Kätzin. Nichts regte sich. Ob die Wildkatze aus dem Heuschober ausgezogen und woandershin gewandert war? Zugestoßen war ihr ja wohl hoffentlich nichts! Vielleicht war sie nun aber auch Sara gegenüber scheu geworden. Schließlich war sie schon mehrere Wochen nicht bei der Kätzin gewesen.

Saras Augen gewöhnten sich immer besser an das Dunkel. Sie suchte alles ab und stieß schließlich auf eine verborgene Schlafkuhle im Heu. Die sah so frisch aus, daß sich Sara ganz sicher war: Die Kätzin wohnte noch hier. Sie wickelte das Fleisch aus dem Papier, legte es neben die Kuhle und ging.

Achim und Sven waren inzwischen mit dem Füllen der Wildfütterung fertig. Als Sara zu ihnen stieß, erwärmten sie sich gerade ein wenig an dem heißen Tee, den sie in der Thermoskanne mitgebracht hatten.

Als Sara von dem frischen Nest berichtete, sagte Sven: »Dann wird sie sich ja freuen über das Fleisch. Bei dem hohen Schnee kann sie bestimmt nicht viel Beute machen.«

»Allerdings nicht«, stimmte Achim zu. »Meist werden nur die Tiere gefüttert, die auch genutzt, also gejagt werden können. Für Beutegreifer gibt es selbst in strengen Wintern kaum Futterstellen. Und gerade die haben es besonders nötig.«

»Wieso denn?« erkundigte sich Sven. »Wenn Hasen, Rehe, Hirsche und Wildschweine gefüttert werden, muß es doch genug Beute geben.«

Nahrung

Wildkatzen leben fast ausschließlich von Mäusen. Gelegentlich fangen sie auch Vögel und kleinere Säugetiere bis zur Größe eines Kaninchens. Bei Nahrungsmangel verzehren sie auch Eidechsen, Insekten und fangen sogar Fische. Wildkatzen sind im Gegensatz zu Hauskatzen nicht wasserscheu. Wie wir es von Hauskatzen kennen, lauert die Wildkatze lange vor einem Mauseloch und wartet, bis sie die Maus packen kann. Sie schleicht ihre Beute in geduckter Haltung an und springt dann geschickt mit einem Satz zu.

»Ja und nein«, antwortete Achim. »Es überleben zwar genug Beutetiere, aber durch die Fütterung der Pflanzenfresser gibt es weniger Fallwild. So nennt man die Tiere, die an Entkräftung oder Hunger sterben. Gerade die sind bei hohem Schnee die leichteste Beute.«

Sara sah ihn entsetzt an. Bedeutete das, daß ihre Wildkatze nun vielleicht verhungern mußte? »Können wir nicht wenigstens in unserem Wald was für die Beutegreifer tun?« fragte sie.

»Wir können doch Minkas Kinder und die anderen Wildkatzenjungen nicht hungern lassen!« unterstützte sie Sven.

»Wir müssen abwarten, was die nächsten Tage für Wetter bringen. Wenn es so kalt bleibt und noch mehr schneit, überlegen wir, was wir tun können. Vielleicht wird es ja wieder wärmer«, beruhigte sie Achim.

Doch es wurde nicht wärmer und hörte auch nicht auf zu schneien. Ganz im Gegenteil. Es schneite dermaßen, daß der Förster und seine Waldarbeiter täglich stundenlang damit beschäftigt waren, den Schnee rund ums Forsthaus zu räumen und einige Wege in den Wald befahrbar zu halten. Hirsche und Rehe hatten bereits Schwierigkeiten beim Flüchten durch den Schnee. Sie zogen sich kaum noch von den Futterstellen in den Wald zurück.

Sara fuhr nun jeden Tag auf Skiern zum Heuschober und brachte der Kätzin reichlich Nahrung. Aber das Tier ließ sich nicht sehen. Sara war schon gar nicht mehr sicher, ob das Fleisch wirklich von ihr oder von anderen fleischfressenden Tieren verzehrt wurde. Alle Spuren wurden ja ständig wieder zugeschneit.

Heute hatte sich Sara vorgenommen, länger zu warten, denn Achim wollte sie am Ende seiner

Wildfüttertour abholen und mit nach Hause nehmen.

Wieder war von der Kätzin nichts zu sehen. Es war doch unmöglich, daß sie immer gerade dann, wenn Sara kam, auf Beutefang war.

Sara ließ sich ins Heu fallen und drückte sich eine bequeme Kuhle zurecht. Leise lockte sie die Kätzin mit den gleichen Worten, die sie früher im Zwinger benutzt hatte. Sie verhielt sich, als ob das Tier da wäre. Schließlich war es ja durchaus möglich, daß es irgendwo im Heuschober steckte.

Nach einiger Zeit schwieg Sara und lauschte. War da nicht irgendwo ein Geräusch? Ein Surren wie von einem weit entfernten Auto? Der Dieselmotor von Achims Schlepper konnte es unmöglich sein, den Ton erkannte sie aus großer Entfernung. Doch was für ein Motor sollte hier in der Einsamkeit laufen?

Sara stand auf und ging zur Tür. Im selben Moment hörte das Geräusch auf. Draußen war alles still. Nur ein paar Meisen und Goldhähnchen zwitscherten. Ob sie sich das Surren nur eingebildet hatte? Langsam ging sie zu ihrer Heukuhle zurück und begann wieder zu reden, obwohl sie inzwischen kaum noch daran glaubte, ihre Kätzin je wiederzusehen.

Nach wenigen leisen Sätzen hörte sie den Motor aufs neue. Da schnurrt doch was, dachte sie. Und bei diesem Wort wurde ihr klar: Das war sie! Das mußte sie sein. Die Kätzin! Irgendwo lag sie und hörte Sara zu. Irgendwo hatte sie sich so gut versteckt, daß Sara sie nicht sehen, sondern nur ihr wohliges Schnurren hören konnte.

»Kätzin, komm doch, komm vor, komm!« lockte sie und versuchte dabei, die Quelle des Schnurrens zu orten. Es schien von allen Seiten zu kommen. Wie konnte das sein? Ratlos sah Sara sich um. Das Schnurren kam weder von links noch von rechts, weder von hinten noch von vorn, weder von unten ...

Das war es, natürlich! Es kam von oben. Sara hatte gar nicht daran gedacht, daß sie ja keine feste Decke über sich hatte, sondern ein Gewirr von Balken. Dort oben irgendwo auf einem Balken mußte die Kätzin sitzen und ihr zuhören.

Sara lockte weiter. Eine Ewigkeit schien zu vergehen. Plötzlich, flach wie ein schwarzer Schatten, flog es durch die Luft in einen Heuhaufen hinunter. Die Kätzin stand neben Sara. »Ma-u, ma-u«, machte sie und tat, als hätte sie sich nie versteckt.

Sara war außer sich vor Freude, besonders darüber, daß die Kätzin wohlgenährt und überhaupt nicht schmutzig oder krank aussah. Durch Saras Fütterung war der Winter für sie nicht zu einer Hungerzeit geworden.

Sie sprach leise auf das Tier ein, und nach einer Weile ließ es sich sogar anfassen. Als sie in der Ferne das Tuckern von Achims Dieselmotor hörte, stand Sara auf. Es hieß wieder einmal Abschied zu nehmen.

Achim brachte keine guten Nachrichten mit. Das sah Sara ihm sofort an.

»Ich habe gerade einen verhungerten Waldkauz gefunden«, berichtete er. »Und eine ziemlich abgekommene Wildkatze habe ich versehentlich aus einer Heuraufe fürs Wild hochgejagt. Sie machte einen äußerst geschwächten Eindruck. Wir müssen unbedingt etwas für die Beutegreifer tun.«

Sara nickte. »Meiner Kätzin geht es aber gut«, erzählte sie strahlend. »Sie ist sogar zu mir gekommen.«

Achim freute sich mit ihr. »Na, wenigstens etwas Gutes«, meinte er. »Man sieht, daß sich auch diese Tiere füttern lassen. Man müßte Luderplätze anlegen, Futterplätze mit Fleisch. Aber woher nehmen wir das Luder?«

»Klaus weiß doch bestimmt, ob irgendwo ein

Schwein oder eine Kuh notgeschlachtet werden muß.« Sara tat, als wäre es die größte Selbstverständlichkeit der Welt, tote Tiere zur Fütterung der hungrigen wildlebenden Tiere zu besorgen.

Achim faßte sich an den Kopf. »Warum bin ich darauf nicht selber gekommen? Ich rufe ihn nachher gleich an. Komm, wir fahren heim.« Er ließ schon den Motor an, während Sara noch schnell ihre Skier holte und auf den Anhänger warf.

Als sie zu Hause ankamen, half ihnen wieder einmal der Zufall.

Klaus saß mit Irene und Sven am großen Küchentisch, wärmte sich an Tee und verspeiste genüßlich Kuchen.

»Hallo, ihr beiden«, begrüßte er Sara und Achim. »Seid ihr auch so durchgefroren wie ich?«

Achim zupfte an seinem Bart, wo die Eisklümpchen langsam schmolzen.

»*Auch* ist gut«, gab er zurück. »Du sitzt in deinem warmen Geländewagen, während wir uns mit dem Schlepper durch Wind und Schnee quälen.«

Bevor Klaus etwas erwidern konnte, kam Sara zur Sache. Wenn die beiden erst mal anfingen, sich zu frozzeln, konnte das länger dauern.

»Kannst du uns Luder beschaffen?« platzte sie heraus. »Wir müssen Futterplätze für die Beutegreifer einrichten. Muß ein Bauer in der Umgebung ein Tier notschlachten?«

Das wußte Klaus nicht. Aber er versprach, auf seiner Besuchsrunde den Bauern Bescheid zu sagen.

Futterplätze für Beutegreifer

Schon am nächsten Nachmittag meldete sich ein Bauer bei Achim. Der Tierarzt war dagewesen, hatte aber die kranke Kuh nicht mehr retten können.

Zum Glück hatte Achim schon anhand seiner Revierkarte entschieden, wo die Luderplätze angelegt werden sollten. Fünf voneinander entfernte Plätze hatte er vorgesehen, drei davon in Gebieten, in denen höchstwahrscheinlich Wildkatzen lebten.

Nun mußte der Kuhkadaver verteilt werden. Da auch die Innereien und Gedärme mit verwendet wurden, war es eine höchst unangenehme, blutige und stinkende Angelegenheit. Sara war ganz froh, als Achim sagte, diese Arbeit werde er mit ein paar Waldarbeitern erledigen, die Kinder sollten lieber zu Hause bleiben.

Stunden später kamen die Männer durchgefroren und verdreckt zurück. Irene öffnete schnell die Haustür und ließ sie ins Bad, damit sie sich waschen konnten.

Als Achim in die Küche kam, fragte Sven: »Habt

ihr die Plätze eigentlich so angelegt, daß man sie von irgendwoher beobachten kann?«

Achim nickte. »Selbstverständlich. Drei sind von Hochständen aus zu sehen, einen kann man von einer Waldarbeiterhütte aus überschauen, und bei dem fünften müssen wir den Jagdschirm nur mit frischen Fichtenzweigen verblenden.«

Sven hatte inzwischen den Tisch gedeckt und Irene Tee und Kaffee gekocht. Sara stellte einen Nußkuchen auf den Tisch, den sie selbst gebacken hatte und der noch warm war.

»Wenn meine Wildkatzen nicht mehr hungern müssen, sollt ihr auch nicht hungern, sondern belohnt werden«, sagte sie zu ihrem Vater und seinen Mitarbeitern.

Der immer hungrige Sven griff zuerst zu und lief mit einem großen Stück Kuchen zur Tür.

»Wo willst du denn hin?« fragte Irene.

»Ich gehe mal nachsehen«, murmelte er mit vollem Mund. »Vielleicht ist schon Betrieb an den Luderplätzen. Das ist bestimmt spannend, wenn sich die Füchse, Marder und Wildkatzen gemeinsam mit den Vögeln auf das Futter stürzen.«

Sara schüttelte den Kopf. »Du denkst wohl, das ist wie in Afrika. So wie in dem Naturfilm neulich, als Löwen, Schakale, Hyänen und aasfressende Vögel sofort kamen, als die Löwin das Zebra gerissen hatte.«

»Warum sollte es nicht so sein?« fragte Sven. »Bei uns sind es nur andere, kleinere Tiere.«

»Bleibe bitte hier, Sven«, sagte Achim eindringlich. »Die Tiere müssen erst einmal Gelegenheit haben, die Futterplätze ohne Störung zu erkunden und anzunehmen. Außerdem wäre es reiner Zufall, wenn jetzt schon ein Tier dort wäre. Bei uns gibt es nicht so viele Tiere wie in Afrika, und bei der Kälte breitet sich der Aasgeruch nicht so schnell aus wie unter afrikanischer Sonne. Deshalb können ihn die Tiere nicht sofort wittern.«

»Na, wenn du meinst ...« Enttäuscht setzte sich Sven wieder und griff zur Entschädigung nach einem zweiten Stück Kuchen.

»In zwei Tagen gehen wir mal nachsehen«, versprach Achim. »Wenn kein Neuschnee fällt, können wir an den Spuren ablesen, welche Tiere am Luder gewesen sind. Vielleicht haben wir auch Glück und überraschen vom Ansitz aus den einen oder anderen Beutegreifer beim Fressen.«

Als die drei am übernächsten Tag zum ersten Luderplatz kamen, war schon von ferne Betrieb zu erkennen.

»Ich glaube, dort streiten sich zwei Bussarde um ein Fleischstück«, sagte Sara, als sie in ausreichender Entfernung stehengeblieben waren.

Schnell setzten alle drei ihre Ferngläser an die Augen.

»Säugetiere sind nicht da«, stellte Sven etwas enttäuscht fest. »Nur Kolkraben, ein Eichelhäher und die beiden Bussarde.«

Auch Sara war etwas enttäuscht. Natürlich hatte sie insgeheim gehofft, Wildkatzen zu sehen.

»Wenn jetzt am Nachmittag keine Säuger da sind, so ist das ganz normal«, erklärte Achim. »Sie sind ja in der Regel nachtaktiv. Nur wenn der Hunger sie heraustreibt oder wenn sie für die Jungen Beute machen müssen, jagen sie auch mal bei Tag. Jetzt gehen wir mal näher ran und suchen nach Spuren im Schnee.«

»Au ja«, rief Sven und wollte schon losrennen.

Doch Achim packte ihn am Arm. »Nicht so stürmisch. Wir wollen doch Spuren suchen und nicht alle zertrampeln.«

»Werden wir nicht die Vögel verscheuchen?« fragte Sara besorgt.

»Sicher, aber die fliegen nur auf die nächsten Bäume. Sobald wir weg sind, kommen sie wieder.« Achim ging langsam voran und suchte mit den

Augen aufmerksam den Boden ab. »Hier ist eine Fuchsfährte«, erklärte er den Kindern. »Man sieht deutlich die vier Zehenabdrücke mit Krallen und den abgesetzten Fußballen. Und die Spuren laufen schnurgerade hintereinander. Man sagt deshalb auch: Der Fuchs schnürt.«

Die Fuchsspur führte direkt zum Luder, wo sie sich zwischen anderen Spuren verlor.

»Die haben ganz schön was weggeputzt in den drei Tagen«, stellte Sara fest. »Es sind fast nur noch Knochen übrig.«

Auch Achim begutachtete eingehend die Reste der Kuh. Dann forderte er die Kinder auf, weiterzugehen. Spuren waren nicht mehr zu erkennen, weil direkt um den Futterplatz alles zertrampelt war.

In weitem Bogen liefen sie nun um den Futterplatz. Sven entdeckte Hasenspuren und witzelte: »Meister Lampe ist wohl von Salat auf Steak umgestiegen!«

Sara fand eine Marderspur. Die kleinen, fast runden Eindrücke waren deutlich zu erkennen. Die Zehen sprangen nicht hervor, zeichneten sich aber ab.

Achim folgte einer Fährte, die er nicht eindeutig bestimmen konnte. »Ich glaube, hier ist etwas für dich, Sara«, rief er schließlich.

Sara kam näher. »Das muß eine Wildkatzenspur sein«, jubelte sie.

»Genau kann man das nicht sagen, denn eine Hauskatzenspur sieht fast genauso aus«, sagte

Achim. »Sie ist nur etwa einen Zentimeter schmaler und kürzer.« Er bückte sich, um mit den Fingern Maß zu nehmen.

»Und? Ist es nun eine Wildkatzenspur?« Auch Sven war näher gekommen.

Achim zuckte die Achseln. »Ich kenne die Maße der Pfotenabdrücke von Haus- und Wildkatzen auch nicht auswendig. Aber es ist ziemlich unwahrscheinlich, daß eine Hauskatze bis hierher kommt. Das nächste Dorf ist ziemlich weit weg.«

Sie folgten der Spur, bis sie sich am Waldrand verlor.

»Kommt, wir fahren zum nächsten Luderplatz.« Sven wurde die Spurenleserei langweilig. »Mal sehen, was dort für Tiere sind.«

Mit dem Geländewagen kamen sie auf Wegen voran, auf denen jedes andere Auto steckengeblieben wäre. In wenigen Minuten erreichten sie den zweiten Luderplatz.

Dort bot sich ein ähnliches Bild wie beim ersten. Nur waren hier offensichtlich auch Wildschweine am Werk gewesen. Das Fleisch war verschleppt, und man konnte zahlreiche Spuren der Schwarzkittel erkennen.

»Seht mal, hier«, rief Sven aufgeregt und deutete nach unten.

Auf dem zertrampelten Schnee lagen Haarbüschel, und dazwischen sah man Blutstropfen.

»Hier müssen sich zwei Kuder einen Kampf geliefert haben«, meinte Sara. »Jetzt beginnt doch bald die Ranzzeit.«

»Du kennst dich ja bestens aus«, lobte Achim. »Es stimmt, Wildkatzen paaren sich im Februar oder März. Jetzt ist zwar erst Ende Januar, aber wenn sich hier, angelockt durch das Luder, zwei Kuder treffen, dann kann es schon mal heiß zugehen.« Er bückte sich, hob ein Haarbüschel auf und zeigte es den Kindern. Man erkannte deutlich die vielen Grannenhaare, die aus dem wolligen Unterfell hervorragten. Sie waren viel länger als die Haare im Fell der Hauskatzen.

Weiter ging es nun zu Luderplatz drei, vier und fünf. Überall waren Füchse gewesen, meist sah man auch Marderspuren. An allen Plätzen flogen Greif-

Fortpflanzung

Die Paarungszeit der Wildkatzen – Ranzzeit – liegt im Februar und März. Nur zu dieser Zeit duldet die weibliche Wildkatze (Kätzin) den Kater (Kuder) in ihrem Revier, das durch Duftmarken gekennzeichnet wird. Nach der Paarung wird der Kuder meist wieder aus dem Revier vertrieben, und die Kätzin bleibt allein. Nach etwa 68 Tagen werden 2 bis 6 Junge geboren. Sie tragen zur Geburt ein recht dünnes, gelbliches Fell mit dunklen Flecken. Nach ungefähr 10 Tagen öffnen die Jungen die Augen. Bereits mit 5 bis 6 Monaten werden sie selbständig und suchen sich ein eigenes Revier.

und Rabenvögel auf, als sie näher kamen. An einem weiteren Platz gab es Wildkatzenspuren, an einem anderen die eines Waschbären. Seine ungewöhnlich langen Zehen mit den Krallen daran hatten einen deutlichen Abdruck im Schnee hinterlassen.

Es dämmerte schon, als die drei ziemlich müde und durchgefroren wieder nach Hause fuhren.

»Ich freue mich auf heißen Tee«, sagte Sara. »Wenn ich mir überlege, daß die Tiere bei der Kälte auch noch unaufgetaute Tiefkühlkost fressen, wird mir noch kälter, als mir schon ist.«

»Und auch noch roh«, fügte Sven hinzu. »Danke bestens.«

Der Winter blieb so kalt, wie er begonnen hatte. Die Luderplätze wurden nun regelmäßig vom Förster oder den Waldarbeitern mit Abfällen aus dem Schlachthof versorgt.

Mehrmals war Achim mit den Kindern auf einem der beiden Hochstände in der Nähe der Futterplätze gewesen. Aber trotz langen geduldigen Wartens hatten sie nie eine Wildkatze zu Gesicht bekommen. Nur die Fährten verrieten, daß welche dagewesen sein mußten. Beide Kinder freuten sich über die zahlreichen Spuren, denn das hieß: Nicht nur die Kätzin, sondern auch ihre Jungen und Minkas Kinder würden höchstwahrscheinlich gut über den Winter kommen.

Erst im März schlug das Wetter um. Es wurde wärmer, und die Schneedecke verschwand. Die Wildkatzen verloren nun rasch das Interesse an den Luderplätzen. Sie konnten wieder Jagd auf ihre Hauptnahrung machen, die Mäuse. Auch die anderen Beutegreifer blieben aus. Frischfleisch war ihnen vermutlich lieber.

Die Luderplätze wurden nun sorgfältig gereinigt und alle Reste eingesammelt.

Sara hatte das Matschwetter, bei dem man draußen nicht viel anfangen konnte, genutzt. Die Aufzeichnungen über die Wildkatze und ihre Jungen waren fertig. Ein stattlicher Hefter war zusammengekommen, auf den sie mit Recht stolz war.

»Was mache ich nun damit?« fragte sie ihren Vater.

Da stellte sich heraus, daß Achim eine Überraschung für die Kinder hatte. »Ich habe mit der Aufzuchtstation für Wildkatzen in Wiesenfelden telefoniert«, erzählte er. »Wir bringen ihnen die Arbeit und sehen uns dort alles genau an.«

Sara fiel ihrem Vater um den Hals. »Ich habe schon so viel über die Station gelesen und mir immer gewünscht, mal hinzufahren. Aber ich dachte, es ist zu weit bis nach Bayern.«

»In einem Tag schaffen wir es natürlich nicht«, sagte Irene. »Wir fahren an einem Wochenende und übernachten unterwegs.«

»Wann denn?« wollte Sven wissen. Am liebsten würde er gleich am nächsten Wochenende fahren.

Aber Achim meinte, es sei besser, noch etwas zu warten. »Ich erkundige mich mal, wann es dort am meisten zu sehen gibt«, versprach er.

Besuch in der Aufzuchtstation

Sara und Sven mußten sich noch eine ganze Weile gedulden. Erst Anfang Mai war in der Wildkatzenstation Wiesenfelden wirklich etwas zu sehen. Zu dieser Zeit kommen die jungen Wildkatzen zum erstenmal aus ihren Geburtshöhlen heraus.

Endlich war es soweit. An einem sonnigen Maiwochenende machte sich die Familie auf die Reise vom Harz nach Bayern. Achim hatte mehrmals mit dem Leiter der Station telefoniert und erfahren, daß die ersten jungen Wildkatzen ihre schützenden Höhlen bereits verlassen hatten.

Nach über sechsstündiger Fahrt erreichten sie Wiesenfelden in der Nähe von Straubing. In der Station wurden sie bereits erwartet. Sogar ein kleiner Imbiß war vorbereitet.

»Ich bin Günther Worel«, stellte sich der bärtige Mann vor. »Vom Telefon kennen wir uns ja schon.« Er schüttelte allen die Hand. »Wer sich so für die Wildkatzen einsetzt wie ihr, hat schon einen Sonderempfang verdient. Bei allen Besuchern können wir das natürlich nicht machen. Die dürfen auch nicht in den streng abgeschirmten zweiten Teil des Geländes. Aber bei euch machen wir eine Ausnahme.«

»Toll«, rief Sven. »Gehen wir gleich los?«

Der Leiter der Station lachte. »Du bekommst schon alles zu sehen. Aber zuerst mußt du dir einen kleinen Vortrag anhören. Draußen im Gelände kann ich nichts erklären. Da müssen wir ganz still sein.«

Sara warf ihrem Bruder einen vorwurfsvollen Blick zu. Warum mußte er immer so drängeln? »Seit wann arbeiten Sie eigentlich schon mit Wildkatzen?« erkundigte sie sich.

»Das Projekt begann 1984. Ich selbst beschäftige mich seit 1981 mit Wildkatzen und hatte mich schon zuvor lange mit dem Verhalten dieser Tiere befaßt. Bisher wurden bei uns in Bayern 183 Tiere ausgewildert. Wildkatzen waren hier nämlich seit langer Zeit völlig ausgestorben.«

»Haben sie sich gut eingelebt?« fragte Achim. »Und weiß man, ob noch alle leben?«

»Eingelebt haben sie sich recht gut. Das konnten wir in den letzten Jahren auch mit Hilfe von kleinen Peilsendern feststellen. Trotzdem sind leider längst nicht mehr alle Tiere am Leben. Viele fallen dem Straßenverkehr zum Opfer. Und obwohl sie streng

Wiedereinbürgerung

Seit 1984 gibt es in Wiesenfelden in Bayern eine Wildkatzen-Aufzuchtstation. Dort werden Wildkatzen gezüchtet, auf ihr Leben in der Freiheit vorbereitet und dann in geeigneten Biotopen angesiedelt (Fachleute nennen das »Auswilderung«). Es ist gelungen, über 180 Wildkatzen im vorderen Bayerischen Wald/Oberpfälzer Wald, im Spessart und im Steigerwald auszuwildern. In den Revieren gibt es bereits einige frei geborene Abkömmlinge der Zuchtkatzen. Dennoch fürchten Naturschützer, daß solche Maßnahmen den Artentod nur verzögern können. Solange die Wildkatzen bejagt und ihre Lebensräume eingeengt oder gar zerstört werden, sind sie vom Aussterben bedroht.

geschützt sind, werden sie immer noch von Jägern erlegt. Sie verwechseln die Tiere mit streunenden Hauskatzen.«

Sara wollte wissen, ob die ausgewilderten Tiere alle in der Station gezüchtet worden waren.

»Nein«, sagte Günther Worel. »Zuerst waren es nur Tiere, die in Zoos oder Wildparks gezüchtet worden sind. Erst später haben wir unsere eigene

Zuchtstation aufgebaut. Die Jungkatzen leben bei uns unter sehr naturnahen Bedingungen. Außer mir kommt kein Mensch mit ihnen in Kontakt. Wir müssen also nicht fürchten, daß sie Spaziergängern nachlaufen werden. Das Gehege ist ziemlich groß und abwechslungsreich. Ihr werdet es nachher sehen.

Wie ihr wißt, bekommen die Kätzinnen bei uns schon Ende März oder Anfang April ihre Jungen. Erst mit sechs bis sieben Wochen verlassen sie ihre Wurfnester. Dafür bevorzugen die Muttertiere ausgehöhlte Baumstämme. Wenn die zur Verfügung stehen, lassen sie größere Wurfkisten unbeachtet stehen.

Die Kleinen sind sehr vorsichtig, wenn sie zum erstenmal herauskommen. Flach am Boden ausgestreckt, schleichen sie umher und erschrecken vor jeder Bewegung, vor jedem ungewohnten Geräusch.«

»Und wie lernen sie im Gehege das Beutefangen?« wollte Sven wissen.

»Sobald die Jungkatzen mit etwa acht Wochen etwas sicherer sind und sich im Gehege auskennen, setzen wir lebende Mäuse, später auch Ratten aus. Die Kätzin fängt sie und bringt sie ihren Kindern. Schon nach kurzer Zeit lernen die Jungen, die

Mäuse zu verzehren und später auch selbst zu fangen.«

Die Kinder schwiegen. Ihnen taten die Mäuse leid. Aber sie wußten, daß es sein mußte. Mäuse waren nun mal die Hauptnahrung von Wildkatzen. Und wenn die Jungen nicht lernten, sich selbst zu versorgen, konnten sie in der freien Natur nicht überleben.

»Wenn ihr keine Fragen mehr habt, gehen wir raus ins Gelände«, sagte der Leiter der Station. »Seid bitte absolut ruhig und bewegt euch vorsichtig.«

Der Wiesenfelder Schloßpark erwies sich als weitläufiges, praktisch naturbelassenes Gebiet mit uralten Bäumen. Die vier Besucher wurden in das etwa 90 Quadratmeter große, vom Publikumsverkehr abgegrenzte Gehege geführt.

Durch Löcher in der Rückwand konnten sie die Katzen in den Gehegen beobachten. Günther Worel ließ durch eine spezielle Vorrichtung Mäuse in die Anlage laufen.

Es dauerte nicht lange, und mit einem gezielten Sprung hatte die Katzenmutter die erste Maus erbeutet und blitzschnell totgebissen. Anschließend trug sie die Beute zu zweien ihrer Jungen. Das eine begann nun, die tote Maus zu belauern, das andere stieß mit der Pfote nach dem leblosen Tier, so daß es über den Boden flog. Im selben Moment sprang das andere zu, packte die Maus mit Fang und Vorderbeinen, warf sich auf die Seite und bearbeitete sie mit den Hinterbeinen. Erst nach diesem »Lernspiel« biß es kräftiger zu und begann, die Beute zu verzehren. Die Kätzin fing inzwischen weitere Mäuse für die anderen vier Jungen.

Leise schlichen die Zuschauer zu einem anderen Gehege. Dort hatten sie ein ganz besonderes Erlebnis: Die kleinen, noch wuscheligen und unbeholfenen Katzen verließen offensichtlich zum erstenmal die schützende Höhle. Fast wie Schlangen glitten sie über den Boden, aufmerksam beobachtet von der Mutter.

So ging es von einem Gehege zum anderen. Die Katzen konnten die Beobachter nicht sehen, aber hin und wieder schien eine ein ungewohntes Geräusch wahrzunehmen. Dann spitzte sie die Ohren und blickte aufmerksam in die Richtung zur Wand.

In jedem Gehege war etwas Interessantes zu sehen. Mal spielte eine Kätzin mit ihren Jungen, eine andere säugte gerade, und eine dritte überließ ihren Nachwuchs sich selbst und genoß auf einer erhöhten Plattform die letzten Sonnenstrahlen. Die Kinder merkten gar nicht, wie die Zeit verging.

Als es dämmrig wurde, flüsterte Achim: »Reißt euch los. Wir müssen uns noch ein Quartier suchen.«

Ebenso leise, wie sie gekommen waren, schlichen sich die vier aus dem Gehege. Günther Worel erwartete sie in seinem Büro. Er war schon vor einiger

Zeit gegangen, denn er hatte gesehen, daß er diese Besucher ruhig allein lassen konnte.

Nun nahm Sara ihren Hefter aus der Tasche und gab ihn dem Leiter der Aufzuchtstation. »Das sind meine Beobachtungen der Wildkatzen, die wir gepflegt haben. Ich weiß bloß nicht«, sie sah ihn etwas unsicher an, »ob für Sie etwas Neues dabei ist. Sie wissen doch sicher schon alles über Wildkatzen.«

Günther Worel schüttelte den Kopf. »Wir wissen immer noch viel zuwenig. Für mich sind alle Beobachtungen interessant. Noch dazu, wenn sie unter so besonderen Bedingungen wie bei dir entstanden sind. Vielen Dank, Sara! Unsere Wissenschaftler werden dein Material auswerten. Und wenn du deine Kätzin mal wiedersiehst, sagst du mir dann Bescheid?«

»Ganz bestimmt«, versprach Sara strahlend. »Auf Wiedersehen!«

Die Autoren

Heiderose Fischer-Nagel wurde 1956, ihr Mann Andreas Fischer-Nagel 1951 geboren. Beide studierten in Berlin Biologie mit dem Schwerpunkt Zoologie. Bereits während des Studiums begannen sie, Foto-Sachbücher für Kinder zu erarbeiten. Seit 1981 sind zahlreiche dieser Naturbücher erschienen. Sie erhielten Auszeichnungen im In- und Ausland; vier Titel standen auf der Auswahlliste zum Deutschen Jugendliteraturpreis. Im Erika Klopp Verlag erschienen die Umweltbücher »Eine Biberburg im Auwald«, »Die Störche kommen!«, »Ein Igelwinter« und »Wildkatzen in unseren Wäldern«.
Heiderose und Andreas Fischer-Nagel haben zwei Töchter und leben in einem kleinen Dorf in Nordhessen.

Die Illustratorin

Bettina Buresch, Jahrgang 1959, studierte an der Akademie der Bildenden Künste in München. Seit 1987 arbeitet sie als freiberufliche Illustratorin und gestaltet vor allem Kinder- und naturwissenschaftliche Bücher. Für den Erika Klopp Verlag illustrierte sie »Mücke, Matse und das Pony Motte« von Evelyn Hardey.

Umweltbücher machen wach

Illustriert. Ab 10 Jahre. In jeder Buchhandlung.
Die Umweltbücher sind erschienen im

Erika Klopp Verlag · Hohenzollernstraße 86 · D-8000 München 40

3

4

5

8

9

13

14